CURIOSIDADES SORPRENDENTES
DE ESPAÑA Y SUS GENTES

Verbum **Infantil-Juvenil**

Dirigida por: LUIS RAFAEL

Colección creada especialmente para la formación y el disfrute de los primeros lectores. Libros atractivos, con temas, lenguaje y enfoques contemporáneos, que permitirán a niños y jóvenes deleitarse con la lectura al tiempo que acceden a universos donde la palabra es vehículo idóneo para explicar, desde el arte, las disímiles aristas de la realidad.

DULCE MARÍA ALCARAZ
Y ALEJANDRO ALCALÁ

CURIOSIDADES
SORPRENDENTES
DE ESPAÑA Y SUS GENTES

EDITORIAL
VERBUM

© Editorial Verbum, S.L., 2026
© Alejandro Alcalá y Dulce María Alcaraz, 2026

Tr.ª Sierra de Gata, 5
La Poveda (Arganda del Rey)
28500 Madrid
Teléf.: (+34) 910 46 54 33
e-mail: info@editorialverbum.es
https://editorialverbum.es

I.S.B.N.: 979-13-7018-000-3
Depósito Legal: M-5202-2026

Diseño y maquetación: Iván García Molinero
Preimpresión: Adrians Esquivel Romero
Printed in Spain / Impreso en España

Este libro ha sido
impreso con papel
ecológico procedente
de bosques sostenibles.

ÍNDICE

APÉNDICES

PRÓLOGO

Una tierra de extremos, memorias
y maravillas insospechadas

¿Sabías que en España hay un desierto que parece sacado de una película del Lejano Oeste y también una selva que se esconde en una isla volcánica? ¿Y que existe un lugar donde las personas se comunican silbando desde hace siglos, como si fueran pájaros invisibles conversando entre montañas? Aquí todo eso es posible.

España es un país lleno de secretos y maravillas. Algunos están a la vista y otros hay que aprender a descubrirlos. Hay pueblos que cambian de nombre según la estación, torres que se inclinan sin caerse, árboles que tienen más de mil años y catedrales que se siguen construyendo desde hace más de un siglo. Hay incluso una cueva decorada con arte hecho por humanos que vivieron antes de que existiera la escritura. En palabras de un viajero anónimo: "cada rincón encierra un eco que no se ha apagado del todo".

Este libro está hecho para los curiosos. Para los que preguntan por qué una fuente suena como si hablara, para los que imaginan qué pasaría si una estatua cobrara vida o si una muralla pudiera contarnos todo lo que ha visto. Porque sí: cada rincón de esta tierra guarda una historia. Algunas son tan reales como el suelo que pisamos; otras parecen cuentos fantásticos, pero están basadas en hechos que ocurrieron de verdad.

Aquí vivieron reyes que hablaban solos, inventores que soñaban con volar, mujeres valientes que desafiaron imperios y campesinos que se guiaban por la luna. Aquí hay días en que la harina vuela por los aires como una nevada mágica, otros en los que las calles se tiñen de tomates lanzados con alegría, y otros en los que se encienden hogueras para espantar los miedos del invierno. En ciertos pueblos aún se recuerda la voz de una anciana que contaba leyendas al calor de la lumbre, o el paso lento del último burro del lugar.

España es también una tierra de muchas voces. Se hablan lenguas distintas, se cocinan platos que no se parecen en nada y las canciones de una región pueden sonar completamente distintas a las de otra. Pero hay algo que las une a todas: la imaginación, la risa, el ingenio y la memoria. Como decía el escritor Antonio Machado: "en España lo mejor es el pueblo", ese que guarda cuentos, canta historias y convierte lo cotidiano en extraordinario. La historia no está dormida en los libros, sino que vive en las calles empedradas, en los castillos medio derruidos, en los dichos que aún usamos sin saber de dónde vienen, en los nombres de los pueblos, en los juegos tradicionales, en los gestos de los abuelos y en las leyendas que se cuentan en voz baja, como quien guarda un tesoro.

Si abres bien los ojos —y el corazón, también— este libro te llevará de la mano por una España que no siempre sale en los mapas, pero que está viva en la memoria, en la fantasía y en la sorpresa. Porque lo maravilloso no está tan lejos: a veces, está a la vuelta de la esquina.

PARTE I – GEOGRAFÍA PARA QUEDARSE CON LA BOCA ABIERTA

1. ESPAÑA EN MINIATURA: DE VOLCANES A GLACIARES

*El Teide, el Aneto, las cuevas de hielo
y el desierto almeriense*

Dicen que España es como un mundo en miniatura. ¿Te imaginas un país donde puedes ver nieve, fuego, hielo, desiertos y selvas, todo sin salir del mismo mapa, sin traspasar sus fronteras? Aquí caben paisajes tan distintos que parece que cada región estuviera inventada por un escritor distinto.

En las Islas Canarias, por ejemplo, se alza un volcán tan alto que, si estiraras la mano desde su cima, casi podrías rozar las estrellas. Se llama el Teide, y es el pico más alto de toda España: mide 3.718 metros de altura. Está en la isla de Tenerife, y aunque lleva siglos dormido, sigue siendo un volcán. Su paisaje de rocas negras, cráteres y nubes bajas parece sacado de otro planeta. De hecho, algunos científicos lo usan para practicar antes de ir a Marte.

Pero si viajas al norte de España, cambiarás de escenario por completo. Allí está el Aneto, el gigante blanco del Pirineo. Es el monte más alto de esa cordillera, siempre cubierto de nieve, como si llevara una capa helada. Y sí, en España también hay glaciares, que son ríos de hielo que se mueven tan lento que parecen quietos. ¿Sabías que en algunas cuevas del Pirineo puedes encontrar hielo eterno, guardado como un tesoro desde hace siglos?

Y si ahora te dijera que también hay un desierto... ¿me creerías?

En la provincia de Almería, en el sur, se encuentra el Desierto de Tabernas, el único desierto verdadero de Europa. Allí no llueve casi nunca, el sol brilla con fuerza y el paisaje es tan seco que parece que te hubieras colado en una película del oeste. De hecho, allí se rodaron muchas películas de vaqueros, con cactus, duelos al sol y jinetes galopando entre cañones.

En tan solo unas horas puedes pasar del frío más intenso al calor más seco. España es así: sorprendente, cambiante, llena de contrastes.

2. ¿SABÍAS QUE ESPAÑA TIENE MÁS DE 8.000 PUEBLOS... Y UNO SUMERGIDO?

Aldeas fantasma, pueblos hundidos y municipios con un solo vecino

En los mapas, España parece un país lleno de caminos, montañas y ciudades. Pero si lo miras más de cerca, verás algo aún más asombroso: ¡hay más de 8.000 pueblos! Algunos son grandes, con colegios, plazas y mercados bulliciosos. Otros, en cambio, son tan pequeños que si pestañeas, te los pierdes. Y algunos... ya no están.

En lo alto de las montañas o perdidos entre bosques, hay aldeas fantasmas. Son lugares que un día estuvieron llenos de vida: con niños corriendo por las calles, pan recién hecho saliendo del horno y abuelos sentados en la puerta contando historias. Pero con el tiempo, sus habitantes se fueron marchando, buscando trabajo o nuevas oportunidades en las ciudades. Hoy, muchas de esas casas están vacías, las puertas colgando, las ventanas rotas y la hiedra trepando por los muros como si la naturaleza quisiera recuperar lo que fue suyo.

Pero lo más increíble es que en España también hay pueblos bajo el agua. Sí, como lo oyes: hundidos, tragados por embalses construidos para guardar agua. Uno de los más famosos se llama San Román de Sau, en Cataluña. Cuando el embalse está lleno, el pueblo desaparece bajo las aguas tranquilas. Solo la punta del campanario de su iglesia asoma, como si aún quisiera saludar. Cuando baja el nivel del agua, puedes ver las ruinas salir a la superficie, como si despertaran de un largo sueño. Es un lugar silencioso, mágico, como un castillo encantado que flota entre nieblas.

Y si todo esto te parece sorprendente, escucha esto: hay municipios con un solo habitante. Uno de ellos se llama Illán de Vacas, en la provincia de Toledo. Durante mucho tiempo tuvo solo un vecino: el alcalde, el secretario y el único votante, todo en una sola persona. ¿Te imaginas vivir en un lugar donde tú seas el único en la lista de vecinos?

España está llena de historias escondidas en pueblos diminutos, en ruinas cubiertas de hiedra o en campanarios que duermen bajo el agua. Cada uno guarda secretos, leyendas y memorias de tiempos que fueron.

3. LUGARES QUE PARECEN DE OTRO PLANETA

Río Tinto, Las Médulas, Bardenas Reales y el Torcal de Antequera

¿**H**as soñado alguna vez con viajar a Marte, caminar por la superficie de la Luna o explorar un planeta desconocido? No te hace falta una nave espacial: en España hay lugares que parecen sacados de otro mundo. Son tan raros, tan distintos, tan asombrosos, que cuesta creer que estén aquí, en la Tierra, tan cerca de nosotros.

Uno de los más famosos es el Río Tinto, en Huelva. Imagina un río de color rojo sangre, como si saliera de las entrañas de un dragón. El agua es ácida, llena de minerales y los paisajes a su alrededor son de tonos dorados, anaranjados y negros, como si el sol se hubiera derretido sobre la tierra. Aquí han trabajado mineros desde tiempos de los romanos y los científicos estudian sus aguas porque se parecen, increíblemente, a las que podrían existir en Marte. Por eso algunos lo llaman el "río marciano".

En León, hay un lugar que parece esculpido por gigantes: Las Médulas. Son montañas rojizas, con formas extrañas, agujeros enormes y torres de tierra que brillan al atardecer. Pero lo más curioso es que no las creó la naturaleza sola. Fueron los romanos, hace dos mil años, quienes cavaron y explotaron este paisaje buscando oro. El resultado es un desierto de fuego congelado en el tiempo, tan bello como misterioso.

Más al sur, en Navarra, se extiende un territorio que parece salido de una película del lejano oeste: las Bardenas Reales. Es un desierto sin arena, con barrancos, mesetas y torres de piedra que el viento ha ido moldeando durante siglos. Hay zonas donde no crece casi nada, y el silencio es tan profundo que parece que el mundo se ha detenido. Es un paisaje seco, salvaje, y también protegido: allí viven águilas, zorros, lagartos y hasta búhos reales.

Y si prefieres un paseo entre esculturas naturales, no puedes perderte el Torcal de Antequera, en Málaga. Allí, las piedras se han convertido en torres, hongos, platillos y monstruos dormidos. Es como un jardín secreto hecho solo de rocas, donde todo parece haber sido tallado por un escultor invisible. Algunos bloques parecen moverse si los miras mucho rato, como si jugaran al escondite.

Estos lugares, tan distintos entre sí, tienen algo en común: nos recuerdan que la Tierra está llena de maravillas que parecen de otro planeta. Pero no lo son. Son nuestros. Son reales. Y están esperando a que los descubras.

4. RÍOS QUE DESAPARECEN, MONTAÑAS QUE CANTAN Y ÁRBOLES MILENARIOS

Fenómenos naturales y secretos botánicos

La naturaleza española guarda secretos que muchas veces pasamos por alto. Pero si prestas atención, si caminas en silencio o escuchas con los ojos cerrados, descubrirás que hay ríos que juegan al escondite, montañas que murmuran canciones y árboles tan antiguos que podrían contarte historias de reyes, guerras y estrellas fugaces.

Uno de los ríos más traviesos se llama el Guadiana. Parece un río como cualquier otro... hasta que un día, sin avisar, se esconde bajo tierra. Desaparece entre las rocas como si quisiera echarse una siesta. Reaparece kilómetros más allá, como si nada hubiera pasado. Este extraño comportamiento ha desconcertado a viajeros desde hace siglos, y hay leyendas que dicen que el río tiene alma propia y se esconde por amor o por juego. Lo cierto es que parte de su cauce se filtra en el suelo, circula por galerías subterráneas y luego vuelve a salir a la luz. Un río que se vuelve invisible. ¿Te lo imaginas?

Pero no todo lo curioso está en el agua. También hay montañas que cantan. En realidad, no lo hacen con voz, pero sí con eco. En algunas cuevas, como las del Parque Natural de la Sierra de Aracena y Picos de Aroche, si gritas o aplaudes, el sonido rebota y regresa transformado, como si la montaña te contestara. Y en lugares como el Monasterio de Piedra, el agua que cae por las cascadas forma melodías naturales. A veces, basta con cerrar los ojos para creer que estás escuchando un concierto secreto de la tierra.

Y luego están ellos: los árboles milenarios. Silenciosos, inmóviles, pero llenos de vida. Uno de los más famosos es el Tejo de Bermiego, en Asturias. Tiene más de 1.000 años. Estaba allí cuando aún no existía España, cuando los vikingos surcaban los mares y cuando nadie imaginaba coches ni aviones. También está la Encina de las Tres Patas, en Burgos, tan vieja que su tronco se ha partido en tres y aún así sigue viva. Y en Canarias crece un árbol mágico, el Drago Milenario, que parece sacado de un cuento de dragones. Su savia es roja como la sangre, y su forma retorcida parece la de una criatura antigua que respira muy lentamente.

Cada uno de estos seres tiene su forma de hablar: con el viento entre las hojas, con el agua que corre o con la piedra que vibra. Algunos científicos los estudian. Otros simplemente los escuchan. Pero todos coinciden en algo: la naturaleza está viva y tiene mucho que contarnos. Como escribió un sabio hace muchos años: "El árbol más viejo fue alguna vez una semilla que no se rindió."

PARTE II – MONUMENTOS, CIUDADES Y RINCONES CON HISTORIA Y MISTERIO

5. ¿POR QUÉ LA SAGRADA FAMILIA AÚN NO ESTÁ TERMINADA?

La obra infinita de Gaudí y otras
construcciones eternas

Hay una iglesia en Barcelona que parece sacada de un cuento de hadas. Tiene torres que se elevan como si quisieran tocar el cielo, figuras de piedra que parecen moverse cuando les da la luz del sol o de la luna llena, y columnas por dentro que se ramifican como si fueran árboles de un bosque encantado. Esa iglesia se llama la Sagrada Familia.

Lo más curioso es que todavía no está acabada. Empezó a construirse en el año 1882. Y sí, leíste bien: hace más de 140 años. Ha pasado por guerras, cambios de arquitectos, épocas de silencio y ahora por fin avanza de nuevo, aunque despacio. Cada vez que vas, hay algo nuevo... y algo que aún falta. ¿Por qué tarda tanto?

La razón tiene nombre: Antoni Gaudí, el arquitecto más imaginativo que ha tenido España. Cuando le encargaron construir la Sagrada Familia, él decidió que no iba a hacer una iglesia cualquiera. Quería edificar un templo que fuera como una montaña hecha por humanos, con la naturaleza como guía, con torres que representaran a los apóstoles, a María y a Jesús. Quería que el edificio hablara sin palabras. "Mi cliente no tiene prisa", decía Gaudí, refiriéndose a Dios.

Gaudí trabajó en la Sagrada Familia durante más de 40 años, y los últimos 15 solo en ella. Dormía cerca, comía poco, apenas salía. Dibujaba planos, hacía maquetas, vigilaba cada piedra que se colocaba. Pero no le dio tiempo a terminarla. En 1926, murió atropellado por un tranvía. Muchos de sus planos se perdieron en la Guerra Civil, y desde entonces otros arquitectos han tratado de continuar su sueño, respetando su estilo, sus ideas y sus juegos de luz.

Pero no es el único caso de una obra interminable. ¿Sabías que hay castillos en España que también tardaron siglos en construirse? Como el de Loarre, en Huesca, que comenzó siendo una torre en el siglo XI y fue creciendo como una planta de piedra durante generaciones. O la Catedral de Sevilla, que se levantó sobre una antigua mezquita y tardó más de cien años en completarse.

A veces, los humanos empezamos algo tan grande que sabemos que no lo veremos acabado. Pero eso no nos detiene. Porque hay construcciones que no solo buscan terminarse, sino inspirar.

La Sagrada Familia sigue creciendo, piedra a piedra, como una flor que no se cansa de florecer, reviviendo nueva en cada generación. Y cuando un día se termine —dicen que podría ser en 2030—, será como cerrar un libro escrito entre muchos, empezado por un hombre que hablaba con el lenguaje del cielo.

6. EL ESCORIAL, EL LABERINTO DE LOS AUSTRIAS

*Monjes, pasadizos, cámaras secretas
y supersticiones reales*

A las afueras de Madrid, en medio de las montañas, hay un edificio tan grande y misterioso que parece un palacio, una iglesia, una fortaleza y un laberinto... todo a la vez. Se trata del Monasterio de El Escorial, y durante siglos fue el corazón del poder de los reyes de España. Pero no solo es famoso por su historia. También lo es por sus secretos.

Mandado construir por el rey Felipe II en el siglo XVI, El Escorial no fue pensado solo como un lugar para rezar. También debía ser un monasterio para los monjes jerónimos, una residencia real, una biblioteca, un colegio y, muy importante... un panteón, es decir, un sitio para enterrar a los reyes. Felipe II quería que fuera una obra grandiosa, tan impresionante que reflejara el poder de su imperio, "donde no se ponía el sol".

Lo que no muchos saben es que El Escorial está lleno de pasadizos, puertas ocultas y habitaciones secretas. Se dice que algunos túneles conectan con salas privadas que solo los reyes conocían. Hay escaleras que desaparecen tras las paredes, y puertas que parecen parte del mobiliario. A los niños les encanta imaginar que hay un botón escondido en la biblioteca que abre una trampilla directa al pasado...

En el centro del monasterio hay un lugar muy especial: el Panteón de los Reyes. Allí descansan, en sarcófagos de mármol, casi todos los monarcas de España desde Carlos I, el padre de Felipe II, quien también fue emperador con el nombre de Carlo V. Pero antes de llegar allí, los cuerpos de los reyes deben pasar por un lugar secreto y algo espeluznante: el pudridero. Es una sala oculta donde los restos reales son colocados durante décadas para que se descompongan lentamente... solo cuando ya quedan solo los huesos, se trasladan al panteón. Sí, suena un poco macabro, pero era una tradición muy seria y respetuosa.

Felipe II, el rey que mandó construirlo todo, pasó sus últimos días encerrado en una habitación con vistas al altar del monasterio, para poder escuchar misa aunque estuviera enfermo. Era muy religioso y supersticioso, y creía que todo debía estar en su sitio perfecto, porque el orden traía armonía divina. Dicen que era tan meticuloso que llegaba a mover un cuadro unos centímetros si sentía que no estaba alineado.

También hay quien asegura que, por las noches, se escuchan pasos en los pasillos vacíos, o que ciertas estancias parecen tener siempre una corriente de aire... aunque no haya ventanas. ¿Sugerencias del viento de la sierra... o recuerdos de otro tiempo?

El Escorial sigue en pie, silencioso y majestuoso, como un gigante dormido lleno de historias. Algunas están escritas en los libros de la gran biblioteca. Otras, tal vez, escondidas entre los muros, esperando que un visitante curioso las descubra.

7. TOLEDO, CÓRDOBA, SEVILLA: CIUDADES CON TRES ALMAS

Judía, árabe y cristiana: la convivencia que dejó huella

Hay ciudades que parecen hechas de una sola historia, como si siempre hubieran sido iguales. Pero hay otras que tienen muchas almas, como si cada piedra hablara en un idioma distinto. En España hay por lo menos tres lugares que guardan una mezcla tan especial de culturas, religiones y saberes que caminar por sus calles es como abrir un libro escrito en varios tiempos: Toledo, Córdoba y Sevilla.

Empecemos por Toledo, la ciudad de las tres culturas. Aquí vivieron durante siglos judíos, musulmanes y cristianos, en una convivencia única, a veces tranquila, a veces complicada, pero llena de intercambios. Si paseas por sus calles empedradas, verás una sinagoga que parece una mezquita y una iglesia que antes fue un templo visigodo. En la Edad Media, había allí una gran escuela de traductores, donde sabios de distintas religiones se sentaban juntos para traducir libros de ciencia, medicina, filosofía... Se decía que el saber viajaba de una lengua a otra como un pájaro que cruza las murallas sin que nadie lo detenga.

Luego está Córdoba, que durante el siglo X fue una de las ciudades más brillantes del mundo. Sí, del mundo. Mientras otras partes de Europa estaban sumidas en guerras y oscuridad, Córdoba tenía calles con faroles, baños públicos, bibliotecas enormes y jardines con agua que murmuraba poesía. En su gran Mezquita —hoy convertida en catedral—, las columnas se multiplican como los árboles de un bosque infinito, y los arcos de herradura parecen invitarte a cruzar a otros mundos. Allí también vivieron sabios como Averroes, filósofos, astrónomos, poetas y médicos que escribían en árabe, en hebreo y en latín.

Y no podemos olvidar Sevilla, la ciudad del Guadalquivir, que fue puerta del mundo y hogar de culturas entrelazadas. En su barrio de Santa Cruz se siente el eco de los cantos sefardíes, en el Alcázar viven aún los reflejos del arte islámico; y en su catedral resuenan los coros del cristianismo. Sevilla es color, música y mezcla de culturas. En sus patios florecen las buganvillas, pero también floreció algo mucho más importante: el encuentro. Aquí se cruzaban comerciantes, viajeros, sabios y artistas de orígenes distintos, compartiendo algo más que mercancías: ideas.

En estas ciudades, la historia no es una línea recta, sino una trenza que simboliza la mezcla que hay en la historia de toda España. Cada cultura dejó una huella: en los nombres de las calles, en los platos que se comen, en los cuentos que se cuentan, en las canciones que aún se cantan. Como escribió una vez un sabio judío nacido en Sefarad: "Todas las almas tienen algo que aprender de otras." Y Toledo, Córdoba y Sevilla son prueba viva de eso. Son ciudades que no solo tienen tres almas... tienen mil historias esperando a ser descubiertas.

8. MISTERIOS DE CATEDRALES, CASTILLOS Y FORTALEZAS ENCANTADAS

Puertas selladas, criptas y apariciones

A veces, los lugares también guardan secretos. No secretos como los que uno susurra al oído, sino enigmas tallados en piedra, escondidos tras los muros, bajo suelos o en lo alto de una torre olvidada. En España hay catedrales que parecen haber sido construidas por gigantes, castillos que esconden pasadizos invisibles y fortalezas donde, según dicen, todavía caminan sombras que no tienen nombre.

En la Catedral de Santiago de Compostela, uno de los templos más famosos del mundo, hay una cripta oculta donde se dice que guardan los restos del apóstol Santiago... o al menos, eso dice la tradición. Durante siglos, muchos dudaron de si el lugar era real o solo una leyenda. Hasta que un día, en pleno siglo XIX, unos obreros rompieron una pared y allí estaban: huesos antiguos, un altar escondido, silencio contenido. Nadie pudo asegurar con total certeza de quién eran aquellos restos, pero desde entonces, la cripta volvió a ser sagrada. A veces, los secretos solo esperan el momento justo para reaparecer.

En Sigüenza, Loarre o Cardona, hay castillos donde aún suenan ecos de pasos en la noche, donde las puertas de madera crujen sin que nadie las empuje. Hay habitaciones que siempre están frías, incluso en verano, y ventanas que dan a ningún sitio, como si alguien las hubiera construido para que el aire escapara o los recuerdos se escondieran. En muchos de estos castillos vivieron reyes, guerreros, obispos... pero también hay historias de damas que esperaban a su amor y murieron sin verlo volver. Dicen que algunas de ellas no se han ido del todo.

Uno de los lugares más enigmáticos es la Catedral de Cuenca, con sus gárgolas silenciosas que miran desde lo alto. Tiene una puerta sellada que nadie ha vuelto a abrir desde hace siglos. Y hay quien asegura haber visto luces en la torre... cuando ya no quedaba nadie dentro. ¿Serán los antiguos canteros, paseando entre sus propias obras? ¿O será que hay misterios que prefieren no ser explicados?

Y en la fortaleza de Montjuïc, en Barcelona, hay pasillos subterráneos que conectaban con el puerto, túneles que servían para escapar o espiar, y celdas donde los muros parecen guardar las voces de quienes estuvieron allí encerrados. El tiempo ha pasado, pero el eco permanece.

Los castillos, las catedrales, las fortalezas... no son solo lugares turísticos. Son libros abiertos de piedra, con páginas ocultas.

9. EL CAMINO DE SANTIAGO Y OTRAS RUTAS CON LEYENDA

Milagros, señales celestiales y reliquias imposibles

Hay caminos que llevan a un lugar... y otros que te transforman mientras los recorres. En España existe uno de los más antiguos, más largos y más mágicos del mundo: el Camino de Santiago. No es solo una ruta: es un viaje interior, lleno de huellas invisibles, historias que se cuentan al oído y pasos que se repiten desde hace más de mil años.

Todo comenzó con una estrella. Según la leyenda, en el siglo IX un pastor llamado Pelayo vio una luz brillante en el cielo, como una estrella que le señalaba un lugar. Cavaron en aquel sitio y encontraron unos huesos antiguos. Dijeron que eran los del após-tol Santiago. Desde entonces, se construyó allí una tumba, luego una iglesia, y finalmente una catedral que aún hoy recibe a peregrinos de todo el mundo.

Y nació así el Camino de Santiago, una red de ru-tas que atraviesan campos, montañas, pueblos, bos-ques y ciudades. Los peregrinos llevan una concha de vieira como símbolo, y muchos caminan durante días o semanas, siguiendo flechas amarillas, durmiendo en albergues, escuchando campanas al amanecer y cruzándose con gente de lugares lejanos. Algunos lo hacen por fe, otros por aventura, otros para buscar respuestas o encontrarse a sí mismos.

Pero el Camino no es solo un sendero: está lleno de leyendas sorprendentes. Se dice que una vez un pe-regrino fue acusado injustamente de robo, y cuando lo colgaron... no murió. Su padre fue a contárselo al juez, que justo estaba comiendo un gallo asado. Se rio y dijo: "Ese chico está tan vivo como este gallo en mi plato". Y en ese momento, el gallo asado se levantó y can-tó. Desde entonces, en Santo Domingo de la Calzada siempre hay un gallo y una gallina vivos en su catedral.

También se cuenta que, en algunos tramos del camino, aparecen luces extrañas entre los árboles, como si los antiguos aún quisieran acompañar a los nuevos peregrinos. Y que hay fuentes que curan, pie-dras que conceden deseos si las tocas con la mano derecha, y hasta cruces escondidas entre las ramas que solo pueden ver quienes de verdad creen en ellas.

Pero no solo el Camino de Santiago está lleno de magia. Hay otras rutas misteriosas en España. Como la Ruta del Cid, que sigue los pasos de un caballero legendario que luchó en tierras de moros y cristianos. O el Camino de la Vera Cruz, que une Murcia con el norte y lleva a una iglesia donde dicen que se guarda un fragmento de la cruz de Cristo.

Hay quien duda de estas reliquias, quien cree que las leyendas son solo cuentos. Pero también hay quien camina por estas sendas y, sin saber cómo, siente que algo cambia dentro, que el camino le ha enseñado algo, aunque no pueda explicarlo. Como decía un peregrino muy sabio: "No se trata de llegar. Se trata de lo que encuentras mientras caminas."

PARTE III – GENTE PECULIAR Y HECHOS ASOMBROSOS

10. PERSONAJES EXCÉNTRICOS DE LA HISTORIA ESPAÑOLA

El Rey Loco de Baviera... que hablaba español.
Agustina de Aragón, Clara Campoamor
y otros nombres poco conocidos

La historia de un país no solo está hecha de guerras, tratados y coronaciones. También está llena de personas curiosas, valientes, excéntricas o soñadoras que dejaron huella. Algunas aparecen en los libros de texto. Otras han quedado escondidas entre las páginas, esperando que alguien, como tú, las redescubra.

Empecemos con un personaje que no nació en España, pero que amaba el español más que muchos hispanos. Se llamaba Luis II de Baviera, aunque muchos lo conocen como el Rey Loco. Gobernó en el siglo XIX en un reino que hoy es parte de Alemania. Amaba la música, los castillos de cuento, los cisnes... y el idioma español. Lo hablaba con fluidez, leía poesía en castellano y se carteaba con nobles españoles. Tanto le gustaban las palabras castellanas que a veces daba órdenes en español... ¡aunque sus ministros no lo entendieran! Y en uno de sus castillos dejó escrito en las paredes versos de Calderón de la Barca. Algunos reyes conquistan tierras. Él, en cambio, conquistó idiomas y fantasías.

Pero no todo en nuestra historia son coronas y excentricidades. También está llena de valentía. Durante la invasión napoleónica, cuando los franceses tomaban ciudades y los soldados españoles caían, una mujer joven llamada Agustina de Aragón hizo algo que cambió la batalla. Estaba en Zaragoza, donde los cañones franceses rugían. Cuando vio que los defensores desfallecían, corrió hacia un cañón, lo cargó ella misma y disparó contra el enemigo. El gesto fue tan heroico que muchos se unieron al combate con renovado coraje. Desde entonces, se la recuerda como la "Juana de Arco española", aunque no llevaba armadura, sino falda.

Y si hablamos de valor, no podemos olvidar a Clara Campoamor. A principios del siglo XX, cuando las mujeres no podían votar, ella levantó la voz en el

Parlamento español para decir: "La mujer debe tener los mismos derechos que el hombre." Luchó con palabras, ideas y firmeza hasta que logró algo histórico: que las mujeres españolas pudieran votar por primera vez en 1933. No fue fácil. Algunos se rieron de ella, otros la insultaron. Pero Clara no se rindió. Fue como una farera que enciende la luz para que otros encuentren el camino.

También están los sabios olvidados, como Blas de Lezo, el almirante cojo, tuerto y manco que venció a la mayor flota del mundo en Cartagena de Indias. O Josefa Amar y Borbón, que en el siglo XVIII ya hablaba de educación para las niñas, cuando nadie creía que las mujeres debían aprender más allá del bordado y a guisar.

Estos personajes, tan distintos entre sí, tienen algo en común: hicieron lo que nadie esperaba. Se atrevieron a ser distintos. A pensar por sí mismos. A no seguir el camino marcado. Como decía Clara Campoamor: "La libertad se aprende ejerciéndola."

11. LAS MUJERES QUE DESAFIARON SU TIEMPO

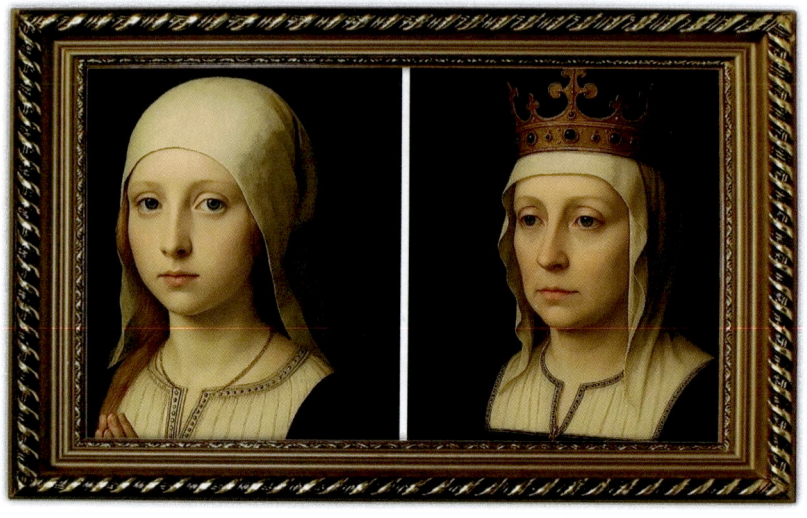

Reinas, aventureras, científicas y espías

D urante siglos, se dijo que las mujeres debían obedecer, callar, quedarse en casa, bordar mientras los hombres pensaban, descubrían, gobernaban o guerreaban. Pero no todas aceptaron ese papel. Algunas se atrevieron a pensar distinto, a estudiar, a mandar, a escribir, a navegar mares, a vivir como si el mundo no tuviera puertas cerradas. Aunque eso les costara críticas, soledad o peligro. Este capítulo está dedicado a ellas: mujeres que desafiaron su tiempo y dejaron huella en la historia de España.

¿Has oído hablar de Isabel la Católica? Fue reina cuando casi ninguna mujer gobernaba sola. Decidía por sí misma, firmaba leyes, daba órdenes a sus generales y fue una de las primeras en apoyar a Cristóbal Colón en su incierto viaje hacia lo desconocido. Muchos la recuerdan como poderosa, decidida y astuta. Como dijo un embajador que la conoció: "Tenía la firmeza de un rey en el cuerpo de una mujer."

Otras, en cambio, fueron aventureras. Como Isabel Barreto, la primera mujer almirante de la historia. En el siglo XVI, cuando casi nadie imaginaba a una mujer al mando de un barco, ella lideró una expedición por el océano Pacífico. Vientos, tormentas, enfermedades, motines... nada la hizo retroceder. Cuando sus marineros se amotinaron, los enfrentó con voz firme: si no la obedecían, los dejaría en una isla desierta. Nadie volvió a desafiarla.

También hubo científicas que investigaron en secreto o que firmaban sus descubrimientos con nombres masculinos para ser tomadas en serio. Como Margarita Salas, pionera de la biología molecular en España, que abrió caminos en el estudio del ADN y demostró que la inteligencia no tiene género. Su trabajo inspiró a generaciones de investigadoras y científicos.

Y hasta hubo espías, como Pilar Millán Astray, dramaturga, periodista y figura enigmática durante la Guerra Civil. Supo moverse en los salones y en las sombras, entre papeles y secretos, cruzando líneas invisibles con mensajes codificados y palabras afiladas. Su historia aún está envuelta en misterio, como corresponde a alguien que supo vivir entre bastidores.

Pero no todo desafío fue con espada, microscopio o mapas náuticos. Algunas lucharon con palabras. Como María Moliner, una bibliotecaria y filóloga que, sin alardes ni grandes títulos, escribió un diccionario más claro, más útil y más vivo que muchos anteriores: el *Diccionario de uso del español*. Lo redactó en su casa, sola, durante años, mientras cuidaba de su familia. Frente a las academias dominadas por hombres, su obra fue un acto de resistencia serena. Moliner no solo definió palabras: mostró que una mujer podía nombrar el mundo.

También merece un lugar Emilia Pardo Bazán, condesa, novelista, crítica literaria y defensora del derecho de las mujeres a la educación. Se atrevió a hablar del deseo femenino, a discutir con los hombres más letrados de su tiempo y a exigir un lugar en la Real Academia Española... que se lo negó, por ser mujer. Pero ella escribió como si ya hubiera sido admitida. Y ganó: sus libros aún se leen, su voz aún resuena.

Y podríamos seguir con Clara Campoamor, que luchó por el voto femenino cuando ni siquiera muchas mujeres lo pedían. Con Maruja Mallo, que pintó formas nuevas y rompió moldes entre los surrealistas. Con Rosalía de Castro, que escribió en gallego cuando nadie lo consideraba digno de la literatura.

Con Federica Montseny, la primera ministra mujer en España. Con Carmen de Burgos, periodista pionera y defensora del divorcio. Cada una, a su modo, desafió el "no puedes".

Reinas, viajeras, maestras, científicas, escritoras, guerreras, artistas, espías... Estas mujeres vivieron en épocas distintas, pero comparten una misma llama: la de quienes no aceptan los límites impuestos por otros. Algunas fueron a juicio, otras al laboratorio, otras al trono, otras a la hoguera. Pero todas dejaron un mensaje claro:

Las reglas injustas están para ser desafiadas.

12. MONARCAS EXTRAVAGANTES, SABIOS O MALDITOS

Alfonso XIII, Isabel II, Carlos II:
entre la leyenda y la crónica

Los reyes y reinas no siempre son como en los cuentos: elegantes, sabios y perfectos. Algunos fueron muy listos, otros muy raros, y algunos... tuvieron una vida tan llena de problemas que aún hoy se habla de ellos con misterio. En la historia de España hay monarcas que parecen personajes de novela. Vamos a conocer a tres de los más curiosos: Alfonso XIII, Isabel II y Carlos II.

Cuando Alfonso XIII nació, ya era rey. Su padre había muerto antes, así que al nacer, en 1886, le pusieron una corona imaginaria nada más llorar por primera vez. Fue un monarca al que le gustaba el deporte, los coches rápidos, los uniformes militares y las aventuras. Dicen que era simpático, pero también muy impulsivo. A veces se disfrazaba para mezclarse entre la gente sin que lo reconocieran, y le gustaba escuchar conversaciones en cafés para saber qué pensaban de él.

Le encantaban las bromas, los inventos raros y las películas de cine. Incluso apareció en algunas. Pero no todo fue diversión: durante su reinado hubo muchas tensiones políticas, guerras y cambios. Finalmente, tuvo que marcharse del país sin abdicar. Lo apodaban "el rey caballero"... pero también "el rey que huyó sin renunciar".

Isabel II fue reina desde que tenía tres años. Imagina lo que es eso: mientras otros niños aprenden a leer, ella tenía que firmar documentos reales (aunque alguien más los redactara). Su reinado estuvo lleno de rumores, enemigos, decisiones extrañas... y mucha confusión. Decían que cambiaba de ministros como quien cambia de vestido, y que su corte era un lugar de chismes, risas y enfados constantes.

Pero también era decidida, lista y muy viva. Le gustaba montar a caballo, escuchar música y moverse entre salones y secretos. Algunos la querían, otros la criticaban sin parar. Finalmente, tuvo que irse al exilio en Francia. Allí, lejos del trono, siguió recibiendo visitas, cartas y noticias de un país que ya no gobernaba, pero que nunca dejó de observar desde lejos.

De todos los monarcas de la historia de España, Carlos II es uno de los más enigmáticos. Nació en 1661, con muchos problemas de salud. Era débil, enfermizo, con dificultades para hablar y caminar, y sin embargo... fue rey. En su época, la gente no entendía bien las enfermedades, así que muchos creían que estaba hechizado. De ahí su apodo: "el Hechizado".

Se llegó a hacer un exorcismo en su presencia, pensando que así lo curarían. Pero Carlos no estaba poseído por ningún demonio. Lo que pasaba era que su familia llevaba tantos siglos casándose entre parientes cercanos, que su cuerpo había acumulado muchos problemas genéticos. Aun así, fue un rey que trató de hacer lo mejor que pudo, rodeado de cortesanos que le ocultaban cosas o tomaban decisiones por él.

Murió sin hijos, y con él terminó una dinastía: los Austrias. Su historia, triste y misteriosa, nos recuerda que a veces el poder no basta para cambiar el destino.

Tres monarcas. Tres vidas muy distintas. Uno aficionado a las carreras y los disfraces. Una reina rodeada de secretos y escándalos. Un rey enfermizo al que creían víctima de la magia negra. ¿Cuál te parece más curioso?

Como dijo una vez un historiador: "Los reyes también son humanos... pero suelen tener vidas mucho más extrañas."

13. LOS PAPAS ESPAÑOLES Y OTRAS GLORIAS OLVIDADAS

Pedro Hispano, Blas de Lezo, la jeringuilla... y otras ideas geniales

No todos los héroes llevan capa. Ni todos los sabios tienen estatuas. A veces, la historia olvida a quienes más la merecen. Este capítulo es como una linterna que ilumina rincones donde viven nombres escondidos, listos para ser recordados. Vamos a conocer a personajes increíbles de la historia de España... que casi nadie conoce.

¿Sabías que hubo *tres* papas nacidos en territorio español? Aunque muchos creen que solo hubo uno, en realidad son más. El primero fue Dámaso I, nacido en el siglo IV en lo que hoy es Galicia. Fue papa durante una época convulsa del Imperio romano y defendió con firmeza la fe cristiana. Bajo su impulso, san Jerónimo tradujo la *Biblia* al latín, en lo que hoy conocemos como la *Vulgata*.

Luego está el célebre Papa Luna, o Benedicto XIII, nacido en Illueca (Aragón). Su historia es de película: elegido papa en el siglo XIV, durante el Cisma de Occidente, se negó a renunciar incluso cuando Roma ya no lo reconocía. Se atrincheró en el castillo de Peñíscola y siguió firmando bulas como si aún fuera el legítimo pontífice. Muchos lo llaman "el papa hereje", pero otros lo recuerdan como un sabio terco y fiel a su conciencia.

También hay que hablar de Calixto III, nacido como Alfonso de Borja en la localidad valenciana de Canals. Fue papa a mediados del siglo XV y es recordado por haber intentado unir a Europa contra el avance del Imperio otomano. Curiosamente, su sobrino Rodrigo Borgia, también valenciano, llegó a ser papa bajo el nombre de Alejandro VI, uno de los más polémicos de la historia. Rodeado de intrigas, riqueza y leyendas, fue protector de las artes y padre de los célebres César y Lucrecia Borgia. Su figura ha inspirado novelas, series y debates hasta hoy.

¿Y Pedro Hispano? Pues sí, también fue papa, aunque su historia tiene matices. Se llamaba Pedro Julião, nació en el siglo XIII en tierras que hoy pertenecen a Portugal —cuando aún no existía la frontera como la conocemos— y fue elegido como Juan XXI. Antes de ponerse la mitra, fue médico, filósofo y científico. Escribió tratados de lógica y medicina que se usaron en las universidades durante siglos. Un papa que hablaba de planetas y nervios humanos. Murió trágicamente, al derrumbarse el techo de su estudio. Como en una novela medieval, su vida fue mezcla de saber, poder... y misterio.

A Blas de Lezo lo apodaban "mediohombre", pero valía por mil. Perdió una pierna, luego un ojo, más tarde un brazo... pero nunca la voluntad. Aun herido, siguió luchando por mar y por tierra. Conocía las tácticas navales mejor que nadie. Su momento más recordado fue en 1741, en Cartagena de Indias (hoy Colombia). Una flota británica gigantesca, la mayor jamás reunida por Inglaterra hasta entonces, quiso conquistar la ciudad. Tenían más barcos, más hombres, más cañones. Todo parecía perdido. Pero Blas de Lezo ideó una defensa tan audaz, tan ingeniosa, que logró la victoria con apenas un puñado de soldados. Fue una de las derrotas más humillantes de la historia inglesa... y sin embargo, la historia española lo olvidó durante siglos. Hoy, su estatua se alza en varios puertos, como símbolo de que el coraje pesa más que los números.

En el siglo XX, un ingeniero español cambió el mundo... dos veces. Se llamaba Manuel Jalón Corominas. Primero, creó la jeringuilla hipodérmica moderna: de plástico, desechable, segura y barata. Gracias a su invento, se pudieron aplicar vacunas en todo el mundo con más eficacia. Salvó millones de vidas sin disparar un solo tiro. Y años después, cansado de ver a mujeres limpiar el suelo de rodillas, inventó... ¡la fregona! Un simple palo con un sistema para escurrir un trapo. Tan sencillo como revolucionario. A veces, una idea cambia tanto como una guerra ganada.

Estos nombres —papas, guerreros, inventores— no son de película... pero podrían serlo. Representan la sabiduría, el valor y la creatividad de quienes no se conformaron con lo que ya existía. Pero mientras alguien los recuerde —como tú, que ahora los conoces—, seguirán vivos en la memoria del mundo.

PARTE IV – COSTUMBRES, MANÍAS Y FOLCLORE POPULAR

14. EL PODER DE LOS REFRANES Y LAS SUPERSTICIONES COTIDIANAS

Escupir para la suerte, tocar madera,
echar sal y otras creencias

"**M**ás vale tarde que nunca."
"No por mucho madrugar amanece más temprano."

"A quien madruga, Dios le ayuda."

¿Te suenan estas frases? Son refranes, y en España hay miles. Algunos los dicen los abuelos, otros se usan en la escuela, otros suenan como si vinieran del fondo de los siglos. A veces parecen tonterías... pero casi siempre encierran una pequeña verdad, sabiduría condensada y transmitida oralmente generación tras generación.

Un refrán es como una píldora de sabiduría popular. Nadie sabe exactamente quién lo inventó, pero todos lo repiten. Son fáciles de recordar, riman o tienen ritmo, y sirven para dar consejos, advertencias o hasta regañinas... sin levantar la voz.

Por ejemplo:

"Cría cuervos y te sacarán los ojos": cuidado con a quién ayudas.

"Cuando el río suena, agua lleva": si se dice mucho, algo habrá.

"En casa de herrero, cuchillo de palo": a veces uno no aplica en casa lo que sabe hacer fuera.

Pero no solo vivimos rodeados de refranes. También hay supersticiones: creencias raras que, aunque no tengan explicación científica, la gente sigue haciendo... por si acaso.

¿Has visto alguna vez a alguien tocar madera cuando dice algo bueno, como "espero que no llueva"? Se hace para espantar la mala suerte. En otras partes del mundo dicen "toco hierro" o hacen otros gestos, pero en España, la madera parece ser mágica.

¿Y qué pasa si se cae sal sobre la mesa? Muchos dicen que da mala suerte, y por eso... echan un poco por encima del hombro izquierdo. Nadie sabe bien por qué, pero algunos creen que es para cegar al diablo que, según la superstición, siempre se coloca a nuestra izquierda.

También se dice que no debes abrir un paraguas dentro de casa, ni pasar por debajo de una escalera, ni cruzarte con un gato negro. Y si ves una cigüeña sobrevolar tu casa, prepárate: ¡dicen que anuncia la llegada de un bebé!

Otras supersticiones son más raras. En algunas zonas, cuando ven pasar un coche fúnebre sin flores, escupen hacia un lado para evitar que la muerte se fije en ellos. ¿Lógico? No. ¿Curioso? ¡Muchísimo!

Y luego están los amuletos: el ojo turco, la herradura, la mano de Fátima, que muchas personas llevan en pulseras o colgantes. No está demostrado que funcionen, pero lo importante es creer, la fe y la tradición.

Estas costumbres han pasado de generación en generación como cuentos que no se olvidan. Son parte de lo que somos, de cómo nos relacionamos con el mundo... y con lo que no entendemos.

Como decía un refrán muy sabio: "No creo en brujas, pero que las hay, las hay."

¿Y tú? ¿Tienes algún ritual secreto que haces... por si acaso?

15. BAILES Y TRAJES QUE HABLAN SIN PALABRAS

Jotas, sardanas, chotis, muñeiras
y mantones de Manila

Hay personas que hablan con las manos. Otras, con los pies. Y algunas, con la ropa. En España, hay bailes tradicionales que no solo sirven para celebrar o pasar un buen rato, sino también para contar historias, expresar emociones o recordar de dónde venimos. Y hay trajes que no son solo vestidos bonitos, sino mensajes bordados, colores con significado y telas que susurran.

En cada región, el ritmo cambia. El acento se mueve de los pies al aire, de los brazos al giro. Vamos a conocer algunos de estos bailes que, sin hablar, dicen mucho.

La jota: saltos que levantan el polvo

La jota es uno de los bailes más conocidos de España. Se baila en muchas regiones —Aragón, Castilla, Navarra, La Rioja, Valencia— y en cada una suena diferente. Pero todas tienen algo en común: fuerza, alegría y mucho movimiento. Los bailarines zapatean, giran, dan saltos rápidos y suelen usar pañuelos que agitan con gracia.

Se baila en pareja, pero sin tocarse. Como si se hablaran con el cuerpo desde la distancia. Al fondo, suenan guitarras, bandurrias, laúdes... y voces que cantan coplas que pueden ser de amor, de humor o incluso de protesta.

La sardana: el círculo que une a todos

En Cataluña, la sardana se baila en corro, todos agarrados de las manos. No hay uno que destaque: todos importan. Se baila en plazas, con música de cobla (un tipo de orquesta típica), y los pasos son suaves, contados, casi como un lenguaje secreto.

Es un baile que representa la unión, la identidad, la resistencia sin violencia. Cuando una sardana comienza, incluso los turistas se atreven a unirse al círculo, como si los pies aprendieran por instinto.

El chotis: cuando Madrid gira sobre sí mismo

El chotis nació en Alemania, pero en Madrid lo hicieron suyo. Se baila en pareja, muy pegaditos, sobre todo durante las fiestas de San Isidro. Lo curioso es que ella gira y él casi no se mueve, como si la llevara en una nube invisible.

Las chulapas y los chulapos lo bailan con claveles, gorras y mucho salero. No hace falta saber danzar: basta con el ritmo en el corazón y una sonrisa en los labios.

La muñeira: Galicia hecha danza

La muñeira es un torbellino celta. Se baila al son de la gaita gallega, con pasos rápidos, palmas y giros. Se parece un poco a las danzas irlandesas, pero con alma gallega. A veces, se baila en grupo. Otras, en duelos entre hombres que compiten en gracia y velocidad.

Dicen que los marineros la bailaban al regresar a tierra, para sacarse la sal del cuerpo y el miedo del alma.

El mantón de Manila: flores que flotan

Aunque no es un baile, el mantón de Manila acompaña muchos de ellos. Es un gran pañuelo de seda, bordado con flores, aves y figuras delicadas. Vino desde Filipinas —por eso se dice "de Manila"— pero en España se volvió típico en fiestas y bailes flamencos. Cuando una mujer lo mueve al ritmo de la música, parece que el mantón cobra vida, como un ave que se abre en pleno vuelo.

Los bailes y trajes tradicionales no son solo cosas del pasado. Son formas de decir quiénes somos, de recordar a los que vinieron antes, de emocionarnos sin palabras. Cada paso, cada vuelta, cada color cuenta algo que vale la pena escuchar... aunque no se diga con la voz.

16. LA PASIÓN POR LOS SANTOS, LAS RELIQUIAS Y LAS ROMERÍAS

*El brazo de Santa Teresa, la Virgen del Rocío,
San Genarín en León, Santiago Apóstol*

En España hay devociones que parecen cuentos, y procesiones que se viven como aventuras. Aquí los santos no solo están en los altares: a veces se pasean en carrozas, se visten con flores, se llevan a hombros entre gritos, cantos, lágrimas y fuegos artificiales.

Y si algo llama la atención de muchos viajeros es que, en muchos pueblos y ciudades, la fe y la fiesta caminan juntas. Se cree, se celebra, se baila, se reza… todo al mismo tiempo.

El brazo que viajó por el mundo

Una de las reliquias más famosas es… el brazo incorrupto de Santa Teresa de Jesús. Sí, su brazo derecho, guardado en una urna de cristal y oro, fue llevado de ciudad en ciudad durante siglos como si fuera un tesoro. Incluso el dictador Francisco Franco lo tuvo en su habitación hasta el día de su muerte. Para muchos, ese brazo era símbolo de fuerza espiritual. Para otros, un recuerdo curioso de cómo, en ciertas épocas, las reliquias eran casi más valiosas que una corona.

Santa Teresa fue una escritora, mística y reformadora religiosa del siglo XVI, muy valiente y muy querida. Hoy, sus palabras siguen emocionando… y su brazo sigue siendo venerado en el convento de Alba de Tormes.

La romería más multitudinaria: El Rocío

Si hablamos de pasión colectiva, hay que visitar el sur, donde la Virgen del Rocío se convierte en protagonista de una de las romerías más espectaculares del país. Cada año, miles y miles de personas, vestidos con trajes flamencos, viajan a pie, a caballo o en carretas hacia una pequeña aldea en Huelva para ver a "la Blanca Paloma".

El camino dura días, entre sevillanas, rezos, fogatas y comidas compartidas. Y cuando finalmente llega el gran día, los fieles saltan la reja para sacar en andas a la Virgen, que es paseada por la aldea entre aplausos, lágrimas y vítores. Algunos lo viven como un acto religioso. Otros, como una tradición familiar que no se pierde jamás.

San Genarín: un santo que no es santo

Pero no todas las devociones son oficiales... En León, cada Jueves Santo, se celebra una procesión muy peculiar en honor a San Genarín. ¿Quién fue? Un hombre humilde, barrendero, que murió atropellado por el primer camión de basura de la ciudad, en 1929, justo mientras iba a comulgar... con orujo y queso.

Un grupo de amigos, medio en broma y medio en serio, decidieron recordarlo cada año con una procesión nocturna, en la que se recita poesía, se beben chupitos en su honor y se deja una ofrenda en el lugar donde murió. No está en el calendario oficial de santos, pero muchos le rinden culto como a uno verdadero. Porque, como dicen en León: "Todos tenemos derecho a nuestro pequeño altar."

Santiago Apóstol: el patrón que se convirtió en camino

Y, por supuesto, no podemos olvidar a Santiago Apóstol, patrón de España. Según la leyenda, sus restos llegaron en una barca de piedra hasta Galicia, y su tumba fue señalada por una estrella. De ahí viene el nombre de Compostela, y también el del Camino de Santiago, del que ya hablamos antes.

Cada 25 de julio se celebra su festividad, y en Santiago de Compostela se llena la plaza del Obradoiro con peregrinos, gaitas, fuegos y abrazos. Para muchos, es más que una fiesta: es una meta, una emoción que se guarda para siempre.

Santos, vírgenes, reliquias y romerías: una mezcla de historia, fe, leyenda y cariño popular. No siempre hay que entenderlo todo. A veces basta con mirar cómo las personas se emocionan al ver pasar una figura de madera, o cómo una canción se convierte en oración.

17. LOS CARNAVALES MÁS INSÓLITOS Y TRANSGRESORES

*Águilas, Cádiz, Laza, Tenerife: entre
la risa y el ritual pagano*

Hay un momento del año en el que todo se permite. Donde uno puede disfrazarse de dragón, cantar lo que normalmente no se atreve, echar harina al vecino, bailar en la calle toda la noche y hasta hacerle cosquillas a las reglas. Ese momento se llama Carnaval, y en España hay algunos tan raros, tan alegres y tan antiguos que parecen una mezcla de fiesta, teatro, chiste y hechizo.

Los carnavales vienen de muy lejos, de cuando la gente celebraba el fin del invierno y el comienzo de la siembra. Luego se mezclaron con la religión cristiana y pasaron a ser la gran fiesta antes de la Cuaresma, cuando empezaban los días serios, de ayuno y recogimiento. Así que el Carnaval era —y sigue siendo— una explosión de libertad, risa y desobediencia. Vamos a conocer algunos de los más sorprendentes.

El carnaval de Cádiz: la risa como protesta

En Cádiz, el carnaval no es solo una fiesta. Es una forma de hablar sin miedo. Aquí no hay desfiles silenciosos: hay coros, chirigotas y comparsas que cantan canciones satíricas sobre políticos, noticias, personajes famosos o lo que pasó en la calle ayer. Todo con humor, con ingenio, con picardía.

Las agrupaciones preparan sus letras durante meses, afinan sus voces, se disfrazan, y cuando llega el momento... suben a los escenarios o se pasean por las plazas haciendo reír y pensar. Porque en Cádiz se cree que la risa también puede ser una forma de decir la verdad.

Águilas: papelillos, huevos y la Musa del Carnaval

En Águilas, Murcia, el carnaval es una explosión de color y exageración. Uno de los momentos más esperados es cuando la Musa del Carnaval lanza el pregón, dando inicio a días y noches de fiesta, desfiles espectaculares, trajes imposibles y toneladas de confeti, o como allí lo llaman: papelillos.

Pero lo más curioso son los huevos rellenos de confeti, que se lanzan entre la gente en una guerra amistosa. También hay concursos, bailes, y una figura muy querida: la Cuerva, una bebida misteriosa que, según dicen, hace que todo te parezca aún más divertido...

Laza: harina, hormigas y mascaradas ancestrales

Ahora viajamos a Galicia, al pequeño pueblo de Laza, donde el carnaval se convierte en algo casi mágico y salvaje. Aquí, los protagonistas no son las lentejuelas, sino los *peliqueiros*, personajes con máscaras de madera, cintas de colores y látigos, que corren por las calles dando saltos y manteniendo el orden... a su manera.

Uno de los días más impactantes es cuando se celebra la *farrapada:* una guerra de harina, tierra y trapos empapados. Y como si eso fuera poco, también hay hormigas vivas mezcladas con vinagre, que se lanzan dentro de pequeños sobres. Sí, es real. Todo forma parte de un carnaval ancestral, con raíces en rituales paganos para espantar el mal y purificar el pueblo.

Tenerife: reinas, sátira y reinas otra vez

Y terminamos en las Islas Canarias, en Tenerife, donde el carnaval parece un desfile de otro planeta. Se elige cada año a una Reina del Carnaval con trajes tan grandes y brillantes que pueden pesar más de 100 kilos. Necesitan ruedas para moverse.

Pero también hay fiesta para todos: desfiles, murgas (grupos que cantan con humor como en Cádiz), disfraces por toda la ciudad, y un entierro final muy peculiar: el entierro de la sardina, una procesión entre burlona y triste que representa el fin del carnaval y el comienzo de la Cuaresma.

En todos estos lugares, y en muchos más, el carnaval es una manera de poner el mundo patas arriba, de reírse de todo y de todos, de jugar a ser otro por un rato... y quizás, de encontrarse a uno mismo en medio de la música y el disfraz.

18. LA ESPAÑA DE LOS SONIDOS: CASTAÑUELAS, PANDERETAS Y SILBOS

El silbo gomero y otros lenguajes sonoros

Espaňa se escucha. No solo se ve en los paisajes o se saborea en la comida. Se escucha. Tiene un ritmo que cambia según dónde estés. Hay sonidos que parecen instrumentos, pero salen del cuerpo. Otros son tan antiguos que casi nadie recuerda quién los inventó. Y hay incluso idiomas que no se hablan... se silban.

Vamos a recorrer un país que también puede contarse con los oídos.

Castañuelas y palmas: hablar con las manos

Las castañuelas son como dos conchas de madera que se tocan con los dedos. Suenan ¡clac! ¡clac!, marcando el compás del flamenco, las sevillanas o la jota. Aunque parecen fáciles, requieren coordinación, práctica y mucho ritmo. Cada golpe tiene nombre: redoble, golpe, tac... Es como un lenguaje secreto entre la bailaora y la música.

Y si no hay castañuelas, las palmas bastan. Hay quien dice que en España hay palmas para cada emoción: palmas sordas, palmas claras, palmas alegres o solemnes. Acompañan el cante, el baile o simplemente animan a alguien sin necesidad de palabras.

Panderetas, tamboriles y gaitas

En Galicia y en muchas zonas del norte, la música se acompaña con panderetas, que se tocan en romerías, bailes o fiestas populares. Su sonido alegre y vibrante marca los pasos de las muñeiras, las alboradas o los cantos tradicionales. A veces, solo hace falta una voz, una pandereta y unas botas firmes para que empiece el jolgorio.

También hay tamborileros que tocan al mismo tiempo la flauta de tres agujeros y el tambor, como en Salamanca, o gaitas gallegas y asturianas, que llenan el aire de un sonido profundo, como si la tierra misma respirara a través de ellas.

El silbo gomero: un idioma de viento

Y ahora, uno de los sonidos más increíbles de España: el silbo gomero. En la isla de La Gomera, en Canarias, existe un lenguaje que no se habla con la boca, sino con silbidos. Se usaba desde hace siglos para comunicarse a grandes distancias entre montañas, barrancos y senderos.

El silbo imita las palabras del español, pero con sonidos agudos y graves que el viento puede llevar muy lejos. Sirve para decir cosas como "¿Dónde estás?", "¡Ven a comer!" o "Voy por el camino de la fuente". Hasta los niños lo aprenden en la escuela, como una asignatura más. ¡Y fue declarado Patrimonio Cultural Inmaterial de la Humanidad!

Escuchar a dos personas hablar silbando es como presenciar un concierto entre pastores, como si los pájaros se pusieran de acuerdo para contar historias.

Otros sonidos que son identidad

En el País Vasco, los *txalapartaris* tocan la *txalaparta*, un instrumento de madera que se golpea entre dos personas con unos bastones. El ritmo sube y baja, como una conversación musical. Es una danza sin pasos, pero con compás.

En algunas fiestas se oyen campanas de iglesia que no solo llaman a misa, sino que avisan de incendios, celebran nacimientos o despiden a un difunto.

En otras, suenan los caracoles marinos, los cuernos de pastor o incluso botellas vacías sopladas.

España no solo tiene muchas lenguas: tiene muchos sonidos que cuentan cosas. Ritmos, silbos, golpes y melodías que son como una música de fondo del país. Basta con afinar el oído y estar atentos. Porque como decía un viejo músico gallego: "El que sabe escuchar, oye lo que no se dice."

PARTE V – MITOS, LEYENDAS Y ENIGMAS ETERNOS

19. LEYENDAS NEGRAS DE CASTILLOS, CONVENTOS Y PUEBLOS MALDITOS

Fantasmas en Belmonte, niños llorando en monasterios, torres sin sombra

Hay lugares que, aunque estén en silencio, parecen susurrar cosas. Sitios donde el aire es más frío, donde las sombras se alargan aunque el sol brille, donde la historia se mezcla con la leyenda y nadie sabe dónde acaba una y empieza la otra.

En España hay muchos rincones así: castillos que guardan secretos, conventos donde se oyen pasos sin dueño, pueblos que parecen tener una tristeza antigua... Este capítulo no da miedo, pero sí cosquillas en la nuca. Porque algunas leyendas no quieren asustar, sino recordarnos que hay cosas que no se explican tan fácilmente.

El castillo de Belmonte y su dama blanca

En lo alto de un cerro de Cuenca, el castillo de Belmonte vigila el horizonte como un dragón dormido. Fue escenario de batallas, conspiraciones y encierros. Hoy está restaurado, se puede visitar y hasta se han rodado películas dentro. Pero hay quien no va solo a ver sus torres: porque teme encontrar a la dama blanca.

Cuentan que, por la noche, en uno de los corredores del castillo, aparece la silueta de una mujer vestida de blanco, que camina sin ruido, como si flotara. Dicen que es el espíritu de una noble que fue encerrada injustamente por celos y murió sin justicia. Otros aseguran haber oído suspiros detrás de las puertas... cuando no hay nadie al otro lado.

¿Realidad? ¿Imaginación? No lo sabemos. Pero los guías bajan la voz cuando la mencionan.

Los llantos invisibles del monasterio

En el norte de España, entre montañas y niebla, hay monasterios que parecen salidos de un cuento medieval. En uno de ellos —no diremos cuál, por si te animas a buscarlo—, muchos visitantes han dicho oír el llanto de un niño en uno de los pasillos de piedra.

No hay guardería, ni niños viven allí. Solo monjes, turistas y... ese sonido. Algunos piensan que es un eco. Otros, que es el alma de un bebé abandonado siglos atrás, cuando las guerras obligaban a las madres a huir dejando todo, incluso a sus bebés. Sea como sea, el sonido aparece siempre en el mismo lugar, a la misma hora, y dura apenas unos segundos.

La torre sin sombra

En un pequeño pueblo de Castilla se alza una torre de piedra tan antigua que nadie recuerda cuándo se construyó. Lo curioso es que, al mediodía, no proyecta sombra. O eso dicen sus vecinos. Puedes mirarla desde cualquier ángulo, esperar a que el sol esté justo encima... y ver cómo las casas a su alrededor tienen sombra, pero la torre, no.

Hay teorías de todo tipo: que está construida sobre un vórtice mágico, que en su base hay una piedra con un hechizo, que fue maldita por un caballero al que traicionaron... Nadie lo ha comprobado científicamente, pero la historia se ha contado durante generaciones, y los niños del pueblo la repiten como si fuera un hechizo.

Estas leyendas negras no buscan asustar, sino hacer que miremos a nuestro alrededor con otros ojos. Porque a veces, la historia se esconde en una grieta de la pared, en una voz que nadie ve, o en una torre que desafía al sol.

20. EL CID, DON JUAN Y OTROS MITOS LITERARIOS MUY REALES

*Lo que la leyenda agrandó
y la historia reveló*

Hay personajes que nacen en los libros y otros que saltan del papel y se pasean por la historia. Algunos fueron personas de carne y hueso, pero el tiempo, las canciones y los cuentos los transformaron en leyendas. Y otros fueron inventados, pero tan poderosos que parecen haber existido de verdad.

En España hay figuras que viven en la memoria colectiva, mitos que cruzan los siglos montados a caballo, con capa o con espada, acompañados de preguntas sin respuesta. Hoy te los presentamos tal como fueron... o tal como los recordamos.

El Cid Campeador: ¿héroe o mercenario?

Rodrigo Díaz de Vivar, más conocido como el Cid, fue un caballero castellano del siglo XI. Luchó en guerras, sirvió a varios reyes, fue desterrado, conquistó Valencia... y acabó convirtiéndose en el protagonista de uno de los cantares más famosos de la Edad Media: el *Cantar de mío Cid*.

Pero ¿era tan noble y justo como dice el poema? ¿O más bien un guerrero ambicioso que luchaba para quien le pagara mejor? Algunos documentos dicen que también peleó junto a musulmanes y que no siempre fue un héroe de película.

Aun así, la imagen del Cid cabalgando sobre su caballo Babieca, con su espada Tizona en alto, ha quedado grabada para siempre en nuestra historia épica. Y quizás eso es lo que importa: no solo lo que fue, sino lo que representa.

Don Juan Tenorio: el seductor eterno

Don Juan no existió... pero todos creen conocerlo. Es el personaje que seduce, engaña, promete amor eterno... y luego desaparece. Aparece en obras de teatro, óperas, películas y hasta cuentos infantiles. Fue creado por varios autores, pero el más famoso en España es el de José Zorrilla, que en 1844 escribió la obra teatral *Don Juan Tenorio*.

¿Sabías que cada 1 de noviembre, en muchos pueblos y ciudades, se representa esta obra al aire libre, junto a cementerios o en plazas con velas? Es una tradición muy antigua.

Pero lo más curioso es que, aunque Don Juan es un personaje ficticio, hay gente que busca su tumba en Sevilla. Hay quienes aseguran que se inspiró en un noble muy real, que vivió y murió entre leyendas.

Otros mitos que parecen verdad

- Lázaro de Tormes, el pícaro más listo de la literatura, quizás nunca existió… pero su manera de sobrevivir a los abusos del poder y a los engaños de los adultos se sigue estudiando en colegios y universidades. Y muchos lugares de España juran que fue por allí donde "Lázaro vivió sus aventuras".

- Don Quijote, el caballero de la triste figura, es sin duda un personaje literario. Pero Cervantes escribió su historia como si fuera real, y cada pueblo de La Mancha parece tener una cueva, una venta o un molino que jura haberlo visto pasar sobre su Rocinante.

- La Celestina, la bruja entrometida del amor, ¿es solo un personaje de Fernando de Rojas o un retrato escondido de mujeres que existían de verdad en la Salamanca del siglo XV?

A veces, la historia y la ficción se miran como en un espejo. Una se disfraza de la otra, y al final nos dejan con más preguntas que respuestas. Pero eso es lo bonito: los mitos viven porque alguien sigue contándolos. Como sugirió alguien sabio: "La verdad es lo que se recuerda, no siempre lo que ocurrió."

21. TESOROS ESCONDIDOS, MAPAS PERDIDOS Y ORO QUE NADIE HALLÓ

La Mesa de Salomón, la cueva de Hércules, el Santo Grial en Valencia

España está llena de historias donde se habla de tesoros ocultos, cofres sellados, mapas secretos y reliquias mágicas. Algunos creen que son solo cuentos, otros aseguran que hay pistas escondidas entre las piedras, en códices antiguos o en las cuevas más profundas.

¿Y si uno de esos tesoros todavía está esperando a ser descubierto?

La Mesa de Salomón: un objeto de poder

Cuenta la leyenda que el rey visigodo Rodrigo entró en un lugar prohibido: la cueva de Hércules, en Toledo. Allí encontró un extraño objeto: la Mesa del rey Salomón, traída desde Jerusalén. Se decía que estaba hecha de oro, piedras preciosas y símbolos misteriosos... y que quien la miraba podía ver el pasado, el presente y el futuro.

Muchos aseguran que Rodrigo la sacó de la cueva y que por eso cayó el reino visigodo poco después. Desde entonces, nadie ha vuelto a verla. ¿Está escondida en algún rincón de Toledo? ¿La enterraron los templarios? ¿O fue solo un invento para advertir que la ambición tiene consecuencias?

La cueva de Hércules: un lugar que no quiere ser hallado

La misma historia nos habla de una puerta bajo la ciudad de Toledo, que conduce a un pasadizo infinito lleno de trampas, enigmas y libros mágicos. Allí vivió Hércules —sí, el mismo de los doce trabajos— y dejó escondidos sus secretos. Cada cierto tiempo alguien dice haber visto la entrada, pero siempre desaparece entre sombras o bajo las aguas del Tajo.

Incluso hay registros de excavaciones reales que intentaron encontrarla... sin éxito. Quizá la cueva no está hecha para ser hallada por la fuerza. O quizá solo se abre a quien sepa mirar con ojos de fantasía.

El Santo Grial... ¿en Valencia?

Tal vez el objeto más buscado del mundo sea el Santo Grial, la copa que usó Jesús en la Última Cena. Se han escrito cientos de libros sobre ella, y en películas como *Indiana Jones* o *El código Da Vinci* todos quieren encontrarla.

Pues bien: en la Catedral de Valencia se guarda un cáliz antiguo, de piedra pulida, al que muchos estudiosos consideran el más posible candidato a ser el verdadero Grial utilizado por Cristo. Fue traído por monjes desde Huesca, pasó por manos de reyes y obispos, y se conserva en una capilla especial.

¿Es el auténtico? ¿O uno de tantos pretendientes? Lo cierto es que cuando lo ves de cerca, parece brillar con una luz divina.

España es un mapa de leyendas. Algunos creen que bajo ciertas montañas hay tesoros visigodos, que en castillos abandonados se ocultan códices de alquimia, y que hay ríos donde el oro se esconde entre los cantos rodados, esperando al buscador valiente y paciente.

22. LAS BRUJAS DE ZUGARRAMURDI Y OTRAS HISTORIAS DE HECHICERÍA

Procesos inquisitoriales y herencias paganas

¿Te has preguntado alguna vez por qué las brujas van en escoba, tienen verrugas y preparan pócimas con ojos de sapo? Pues quizá... porque así las pintaron quienes les tenían miedo. La verdadera historia de las brujas es mucho más interesante, y también más injusta.

En España hubo épocas en las que bastaba una acusación a la Inquisición para terminar en un juicio terrible, solo por tener conocimientos de hierbas, soñar con estrellas o bailar bajo la luna. Pero entre tanta oscuridad, también sobrevivieron historias de valentía, saber antiguo y tradiciones que aún hoy nos acompañan.

En Navarra, cerca de la frontera con Francia, hay un lugar rodeado de bosques y cuevas: Zugarramurdi. Allí vivía gente sencilla que cantaba, curaba con plantas y celebraba reuniones nocturnas para pedir buenas cosechas o proteger al ganado.

En 1610, la Inquisición acusó a varias mujeres y hombres del pueblo de practicar brujería. Dijeron que se reunían en *akelarres* (palabra vasca que significa "prado del macho cabrío") y que hacían pactos con el diablo. Muchos fueron arrestados, interrogados y castigados, aunque no se encontraron pruebas reales. Fue uno de los procesos de brujería más conocidos de España. Y hoy, en Zugarramurdi, puedes visitar la Cueva de las Brujas, donde se celebraban las antiguas fiestas, y un museo que cuenta toda esta historia con respeto y verdad. Porque no todo lo mágico es malo… ni todo lo que da miedo es real.

Hechiceras, curanderas y sabiduría popular

En muchas regiones, especialmente en los pueblos, hubo durante siglos mujeres que sabían qué plantas calmaban la fiebre, cómo aliviar el dolor de barriga o qué rezos alejarían la tormenta. Algunas se llamaban "sabias", otras "curanderas", y en Galicia, por ejemplo, aún se habla de las *meigas.*

¿Eran brujas? Depende de a quién le preguntes. Para los vecinos, a menudo eran las únicas personas que sabían cómo curar sin médicos. Para la Inquisición, eran sospechosas de herejía.

También hubo hombres sabios, llamados hechiceros o agoreros, pero fueron menos perseguidos. Quizá porque en esa época a las mujeres se les tenía más miedo si sabían demasiado.

¿Y qué queda hoy de todo eso? Aunque la Inquisición terminó hace siglos, las historias de brujas siguen vivas. Están en los cuentos, en las películas... y en los mercados donde se venden amuletos, en los dichos que protegen del mal de ojo, en las festividades que aún recuerdan ritos muy antiguos.

Algunas fiestas de hoy tienen raíces que vienen de antes del cristianismo. El fuego de San Juan, por ejemplo, se encendía ya en rituales celtas para celebrar el solsticio, mucho antes de que existieran iglesias. Y lanzar una moneda a un pozo para pedir un deseo... también viene de esos tiempos.

Las brujas no siempre llevaban escoba ni sombrero puntiagudo. Muchas fueron mujeres sabias, valientes y distintas, en una época que no las entendía.

23. LA ESPAÑA MÁGICA
Y MISTERIOSA

*Lugares de poder, alineaciones y
peregrinaciones esotéricas*

H ay sitios donde uno llega y, sin saber por qué, siente algo distinto. Tal vez el silencio es más profundo, el viento sopla con una música extraña o los árboles parecen susurrar. Algunos los llaman lugares de poder. Otros prefieren decir que son entornos mágicos. Están repartidos por toda España, y no necesitan fuegos artificiales: basta estar allí para notar que algo antiguo —muy antiguo— sigue latiendo bajo la tierra.

En muchos puntos del país hay menhires, dólmenes y círculos de piedra que fueron colocados hace miles de años. Nadie sabe exactamente cómo los levantaron ni qué significaban. Pero están alineados con las estrellas, con los solsticios, con el curso del sol.

Uno de los más misteriosos es el dolmen de Menga, en Antequera (Málaga). Es tan antiguo como las pirámides de Egipto y está orientado hacia una montaña con forma de mujer dormida. ¿Fue casualidad? ¿O sabían algo que hemos olvidado?

En Galicia y Extremadura también abundan las *pedras cabaleiras* y los llamados santuarios rupestres, donde aún hoy algunas personas dejan ofrendas, como flores o piedras, sin que nadie les diga por qué. Es como si la memoria del lugar siguiera hablando.

Algunos estudiosos aseguran que muchos lugares sagrados de España están unidos por líneas rectas, invisibles al ojo pero trazadas con precisión desde tiempos antiguos. Son las llamadas líneas ley, y pasarían por iglesias, ermitas, dólmenes, catedrales y hasta castillos.

Uno de los caminos más conocidos es, por supuesto, el Camino de Santiago. Pero además de su valor religioso, hay quien cree que sigue una ruta de poder natural, como si cada paso sobre él fuera un viaje no solo por el paisaje, sino también por el alma.

¿Y si las peregrinaciones no fueran solo para llegar, sino para transformarse por el camino?

Montañas que inspiran y protegen

- Montserrat, en Cataluña, es un lugar tan peculiar que parece esculpido por gigantes. Sus piedras tienen formas imposibles y hay quienes dicen que es una montaña mágica, con apariciones, luces extrañas y energía invisible.

- El Moncayo, entre Aragón y Castilla, ha sido escenario de leyendas, cuentos de brujas y paseos de poetas. En sus faldas el tiempo parece ralentizarse, y la niebla cubre todo como un velo de misterio.

- La Peña de los Enamorados, frente al dolmen de Menga, tiene forma de cara humana acostada. Cuenta la leyenda que dos jóvenes de pueblos enemigos se arrojaron desde allí, como en una versión andaluza de Romeo y Julieta. ¿Será por eso que aún transmite algo tan poderoso?

España es más que historia: también es intuición, símbolos y huellas invisibles. A veces, lo más mágico no está en lo que puedes tocar, sino en lo que sientes sin entender por qué. Algunos lugares no se visitan con los pies, sino con el alma.

24. EL ESPAÑOL QUE SE HABLA EN LA CALLE: DICHOS, TACOS Y MULETILLAS

El arte de insultar con gracia y de hablar sin decir mucho

El español es una lengua muy rica, con miles de palabras, tiempos verbales complicados y normas que a veces marean. Pero hay otro español más rápido, más travieso y más divertido: el que se habla en las plazas, en los patios, en el recreo y en la sobremesa. Ese que no siempre aparece en los diccionarios, pero que todos entienden. Ese que hace reír, exagera, se burla o dice sin decir.

España está llena de expresiones que no tienen sentido si las tomas literalmente... pero que funcionan como flechas. Por ejemplo:

- "Estar en las nubes" no quiere decir que vueles, sino que no te estás enterando de nada.
- "Se le fue la olla" no es que perdió la cacerola, sino que hizo o dijo una locura.
- "No tener pelos en la lengua" es lo contrario de ser mudo: es hablar claro y directo, aunque duela.

Cada región tiene los suyos, y algunos cambian mucho. En Andalucía alguien puede "estar apañao", en Aragón "estar fino filipino", y en el norte puedes oír "eres un crack" con acento gallego.

España se dicen tacos. Pero muchos han perdido su fuerza bruta y se han vuelto casi juguetones. Lo curioso es que se usan más para expresar emoción que para insultar: sorpresa, rabia, alegría o susto.

- "¡Ostras!" suena marino, pero sirve para decir "¡vaya!" sin molestar a nadie.
- "¡Leches!" es un clásico que vale para todo y no mancha.
- Y luego están los más atrevidos... pero incluso esos a veces se sueltan con gracia, con ironía o para que rimen.

En muchas familias, los niños inventan sus propias versiones suaves, como "carambola", "recórcholis" o "mecachis en la mar". Porque lo importante no es la palabra, sino cómo y cuándo se dice.

Seguro que conoces a alguien que dice "¿sabes?", "¿vale?", "¿eh?" o "yo qué sé" en cada frase. Son muletillas: pequeñas palabras que no significan mucho, pero ayudan a hablar, rellenan huecos, hacen compañía al silencio. A veces sirven para dar tiempo a pensar, o para comprobar si el otro te está siguiendo. Otras muy usadas son: "en plan", "o sea", "¿me entiendes?", "tal", "ya ves"... ¡y cada generación inventa nuevas!

En España no se habla solo español. También se habla catalán, gallego, euskera, asturleonés, aragonés... y cada idioma tiene su gracia, sus sonidos únicos y sus expresiones propias.

Además, el español cambia según el lugar. No suena igual en Cádiz que en Burgos, ni en Valencia que en Bilbao. Algunos alargan las vocales, otros comen las eses, otros cantan al hablar. ¡Y todos tienen razón!

El español no es una lengua, sino muchas formas de vivirla. Cambia cada día, crece, se llena de palabras nuevas. Como escribió un poeta: "Nuestro idioma es como un río: fluye, se mezcla, y siempre suena diferente."

25. ESPAÑA PLURILINGÜE: SECRETOS DEL GALLEGO, EL EUSKERA Y EL CATALÁN

Etimologías asombrosas y expresiones que no se traducen

En la escuela aprendes que en España se habla español. Pero esa es solo una parte de la historia. Porque si viajas por Galicia, por Cataluña o por el País Vasco, te darás cuenta de que allí se hablan otras lenguas que no son ni dialectos, ni inventos modernos, ni traducciones raras: son idiomas propios, con siglos de historia, con canciones, poesías, cuentos y refranes que no existen en ningún otro sitio.

En Galicia, donde el mar se mezcla con la niebla y las vacas pasean por las aldeas, se habla *galego.* Es una lengua dulce, redonda, que suena a verde y a lluvia. Tiene palabras que parecen caricias:

- "Luscofusco": ese momento entre el día y la noche, cuando todo es media luz.
- "Morriña": una mezcla de nostalgia, amor y tristeza que solo entienden los gallegos.
- "Xeito": una forma, un estilo, un modo de hacer las cosas con gracia.

El gallego viene del latín, como el español y el portugués, y en la Edad Media fue lengua de poetas y trovadores. Hoy sigue vivo en escuelas, canciones... y en las abuelas que lo enseñan sin libros.

En el País Vasco y en Navarra se habla euskera, también llamado vascuence. Lo más curioso es que no se parece a ningún otro idioma del mundo. No viene del latín, ni del griego, ni del árabe. Nadie sabe exactamente de dónde vino... pero ahí está, resistiendo desde hace siglos.

Tiene palabras rarísimas y bellísimas:

- "Zorionak": felicidades (literalmente, "alegrías").
- "Maite zaitut": te quiero.
- "Haur": niño, como si dijeras "luz pequeña".

Y tiene una forma de contar muy curiosa: no dice "tengo años", sino "están años sobre mí", como si los años fueran visitas que se te posan.

En Cataluña, así como en las Islas Baleares y en la Comunidad Valenciana, se habla una lengua común con variantes: el catalán y el valenciano. Aunque comparten una raíz común —nacida del latín—, cada territorio conserva particularidades léxicas, fonéticas y culturales que enriquecen su expresión. Es una lengua elegante, musical, con sonidos abiertos y un amor entrañable por los diminutivos: *tot és petit* (pequeño), *xicotet*, *boniquet*…

Algunas de sus joyas léxicas:

- "Enyorar": echar de menos a alguien o algo, con una mezcla de nostalgia y dulzura.
- "Fer un pensament": detenerse a reflexionar sobre algo importante.
- "Prou": basta, suficiente.

El catalán —y su variedad valenciana— fue lengua de reyes, trovadores, filósofos y cocineros. En la Edad Media, se hablaba en todo el territorio de la Corona de Aragón. Hoy sigue plenamente vivo: en escuelas, teatros, libros… ¡y hasta en dibujos animados doblados!

Hay expresiones en estas lenguas que no tienen una traducción exacta al español, porque encierran una emoción, una forma de ver el mundo, una costumbre. Y eso las hace preciosas:

- "Txoko" (euskera): un rincón acogedor donde se come, se charla y se está a gusto.

- "Saudade" (gallego-portugués): una tristeza dulce por lo que ya no está.
- "Rauxa" y "seny" (catalán): el impulso loco y la sensatez, las dos caras del alma catalana.

España es como un jardín donde cada lengua es una flor distinta. Y conocerlas no es dividir, sino sumar. Porque hablar más de una lengua es tener más de un corazón.

Como decía un refrán catalán: "Tantes llengües saps, tantes vegades ets persona." (Cuantas lenguas sabes, tantas veces eres persona).

¿Te animas a aprender alguna palabra en gallego, catalán, valenciano o euskera?

26. LA COCINA DE LA ABUELA Y OTRAS JOYAS OCULTAS DEL RECETARIO

Migas, callos, gachas, cocas y guisos que no salen en guías

Dicen que la cocina española es famosa en todo el mundo por la paella, el jamón ibérico y la tortilla de patatas. Y es verdad. Pero si bajas un poco la voz y te acercas a la mesa de una abuela —en un pueblo, en una casa con patio o en una cocina con manteles de cuadros— descubrirás otras recetas mágicas, que casi nadie conoce fuera de su rincón... pero que te abrazan con solo olerlas.

Migas: pan del día anterior, sabor de siglos

Las migas nacieron del hambre... y hoy se celebran con alegría. Se hacen con pan duro, ajo, pimiento, aceite y lo que haya: chorizo, panceta, uvas o sardinas. En algunos pueblos se comen con chocolate. En otros, con melón o jamón.

Se preparan en una sartén grande y se remueven con paciencia, hasta que cada pedacito está dorado y crujiente. Dicen que cuantas más vueltas des, mejor saben. Y que las mejores migas son las que se comparten al aire libre, con risas y cucharas de palo.

Callos y guisos con nombre de valentía

Los callos son tripas de vaca cocidas con chorizo, pimentón y garbanzos. Suenan raros, lo sé, pero a quien le gustan... ¡le encantan! Es un plato de invierno, para entrar en calor hasta los calcetines.

También están los guisos de cuaresma, los potajes de vigilia, las sopas de ajo o las alubias con sacramentos, que no son religiosos, sino pedacitos de morcilla, costilla y tocino que acompañan las legumbres como si fueran reyes.

Gachas, cocas y dulces de pueblo

Las gachas son una crema espesa que en unos sitios se come con azúcar y canela, y en otros con torreznos salados. Se preparan con harina, leche, agua y amor. Sí, amor, porque si te falta eso... se pegan al fondo de la cazuela.

Las cocas son como pizzas alegres: de verduras, de atún, de cebolla, de embutido... Se hacen mucho en la Comunidad Valenciana y en Baleares. Las más dulces llevan piñones o anís. Y algunas se comen solo en fiestas, como un secreto que se repite cada año.

Y no olvidemos el arroz con leche, las natillas caseras, las torrijas de Semana Santa, el pan de higo o los roscos de anís que huelen a infancia.

Cocinas con memoria

Estas recetas no suelen estar en los menús de los restaurantes modernos. Pero viven en cuadernos escritos a mano, en la voz de la abuela que dice "esto se hace a ojo", en las manos que amasan sin pesar y en las mesas donde se repite: "Come más, que estás en los huesos".

27. FIESTAS DE FUEGO, AGUA, HARINA Y HASTA CABRAS VOLADORAS

El Cascamorras, la Fiesta del Pulpo, la bajada de Celedón, los Sanfermines

En España, cada pueblo parece tener su propia manera de volverse loco al menos una vez al año. A veces lo hacen con trajes de colores, otras con cubos de agua, otras manchándose con harina o tinta... ¡y hasta tirando vino por las calles! Aquí no se celebran solo las estaciones o los santos: se celebra la alegría de estar juntos, aunque para eso haya que acabar con la cara negra, la ropa empapada o la cabeza llena de confeti.

En Guadix y Baza, dos pueblos de Granada, se celebra cada septiembre una fiesta única: el Cascamorras, un personaje pintado de negro que corre entre la gente intentando llegar limpio a una iglesia.

¿El problema? Que nadie lo deja pasar sin mancharlo. Le lanzan pintura, grasa, harina... ¡lo que sea! Todo viene de una historia de siglos atrás, cuando los dos pueblos se disputaban una imagen religiosa. Hoy, el Cascamorras no gana nunca... pero se lo pasa en grande huyendo.

En Carballiño, Galicia, se celebra una fiesta para homenajear al pulpo, ese sabroso animal de ocho brazos que tanto gusta en el norte. Se cocinan toneladas de pulpo en grandes calderos, con pimentón, aceite de oliva y sal gorda.

Se come con palillos de madera, en platos de madera, y la tradición manda no usar cuchillo ni tenedor. Dicen que el secreto está en asustarlo tres veces en el agua hirviendo, para que quede tierno.

En el País Vasco, las fiestas de Vitoria-Gasteiz empiezan cuando un muñeco con paraguas llamado Celedón baja desde el cielo (colgado de un cable) sobre la plaza.

Miles de personas esperan ese momento para cantar, saltar y mojarse con champán, sidra o lo que tengan a mano. Luego, Celedón "resucita" convertido en persona y reparte abrazos. Todo es alegría... hasta que empieza la siguiente locura.

Sin embargo, quizás la fiesta española más famosa del mundo sea la de San Fermín, en Pamplona. Cada julio, miles de personas vestidas de blanco y rojo corren delante de los toros por calles estrechas y empedradas.

Pero no todo es correr: hay música, gigantes, cabezudos, comidas eternas y fuegos artificiales. Aunque hay que decirlo: correr delante de un toro no es un juego, y por eso no es para niños. Lo mejor es ver la fiesta... desde un balcón o en televisión.

En Manganeses de la Polvorosa, un pequeño pueblo de Zamora, se lanzaba una cabra desde el campanario como parte de una antigua tradición. Pero hace ya años que eso se prohibió —por suerte para la cabra— y ahora se lanza un muñeco de peluche. La fiesta sigue viva, con música y humor, pero sin hacer daño a ningún animal.

España está llena de fiestas que parecen inventadas por un escritor loco... pero son muy reales. Y en cada una, la gente se ríe, se mancha, canta, corre o baila.

28. CURIOSIDADES NAVIDEÑAS Y TRADICIONES ÚNICAS DEL AÑO NUEVO

El Caganer, los Reyes Magos, el Belén
viviente más grande del mundo

En diciembre, las ciudades se llenan de luces y los hogares se visten de fiesta. Pero en España, la Navidad no se parece del todo a la de otros países. Aquí, hay tradiciones muy nuestras, a veces tiernas, a veces disparatadas... y muchas veces compartidas en familia, con sabor a mazapán, a anís y a risas que se escapan junto al olor del horno.

Por ejemplo, si visitas un Belén en Cataluña, puede que te lleves una sorpresa: escondido entre las ovejas y las palmeras, hay un pequeño personaje agachado con los pantalones bajados... ¡haciendo caca!

Se llama el Caganer, y aunque parezca una broma, es una figura tradicional que aparece en los nacimientos desde hace siglos. Representa la parte más humana y natural del mundo, incluso en una escena sagrada. También se dice que trae fertilidad a la tierra. Hoy los hay de todos los tipos: desde políticos hasta futbolistas, ¡todos acaban con el culo al aire en Navidad!

En muchos países los regalos los trae Papá Noel. Pero en España, los niños esperan con ilusión a los Reyes Magos: Melchor, Gaspar y Baltasar, que viajan desde Oriente con camellos, coronas y sacos de regalos.

La noche del 5 de enero, los Reyes desfilan por las ciudades en cabalgatas mágicas, lanzando caramelos y saludando a los niños y los mayores. Esa noche, los más pequeños dejan sus zapatos junto a la puerta, junto con agua para los camellos y algo de comer para los Reyes. Y por la mañana... ¡la sorpresa!

¿Y si no te has portado bien? Entonces tal vez te dejen carbón dulce, que no castiga, pero sí recuerda...

En la localidad de Béjar del Campo, en Murcia, cada año se organiza un Belén viviente donde participan más de 500 personas. Las calles del pueblo se transforman en un escenario gigante: panaderos, pastores, herreros, carpinteros... todos vestidos como en la época de Jesús. Incluso hay animales reales, luces de antorchas y villancicos en directo. Es como viajar en el tiempo, y muchos visitantes vienen de lejos para verlo.

El 31 de diciembre, cuando suenan las campanadas, en España no se grita, no se dispara confeti, no se salta... ¡se comen uvas!

Doce uvas, una por cada campanada, con ritmo rápido y sin atragantarse. Es una tradición que empezó hace más de cien años, y que trae buena suerte si logras comértelas todas justo a tiempo. ¡Pero ojo! No vale empezar antes ni dejar ninguna.

Algunos se preparan con uvas peladas y sin pepitas. Otros las congelan, las parten o las ensartan como collares. Lo importante es empezar el año con sabor a uva... y a esperanza.

El día 6 de enero se celebra con el famoso Roscón de Reyes, un bollo redondo con frutas escarchadas, que representa una corona. Dentro se esconde una figura y un haba.

- Quien encuentra la figura, se pone la corona y es "el rey" del día.
- Quien encuentra el haba... paga el roscón (¡mala suerte para los despistados!).

Es una manera deliciosa de cerrar las fiestas y empezar el año con una sonrisa azucarada.

En Navidad, cada casa tiene sus propias costumbres, pero todas comparten algo: el deseo de estar juntos, recordar lo bueno y soñar con lo que vendrá. Como dijo una vez un abuelo sabio: "En Navidad no se celebra un día... se celebra el milagro de quererse."

29. OBJETOS RAROS, MUSEOS CURIOSOS Y COLECCIONES QUE PARECEN SALIDAS DE UNA PELÍCULA

Espadas legendarias, huesos gigantes, cabezas reducidas y juguetes que caminan solos

En España hay museos para todos los gustos: de historia, de arte, de ciencia... Pero si te atreves a mirar más allá de lo conocido, descubrirás colecciones de lo más extrañas: cosas que parecen salidas de una novela de aventuras, de un laboratorio de mago o de la maleta de un explorador loco.

En la Real Armería del Palacio Real de Madrid se guarda una espada que, según la leyenda, perteneció al mismísimo Cid Campeador. Se llama *Tizona* y fue empuñada por Rodrigo Díaz de Vivar, el héroe medieval que luchó en mil batallas. La hoja brilla aún con orgullo y parece contar secretos al que la mira con atención.

No es la única: hay espadas que pertenecieron a reyes, armaduras diminutas para niños-príncipes y hasta sillas reales con pinchos, por si el visitante era enemigo disfrazado.

En Madrid también está el Museo de Cera, donde puedes "ver" a personajes históricos, actores, cantantes, futbolistas... todos hechos de cera. Pero algunos son tan raros o poco parecidos que dan más risa que respeto. ¿Ese es Mozart... o un pastelero? ¿Y ese que parece Frodo con bigote?

A pesar de las críticas, es un lugar fascinante: figuras que no parpadean, vestidas como hace siglos, con trajes reales y miradas inmóviles. Perfecto para jugar a "¿Quién es este?" durante horas.

En España hay museos de lo más extraños. Mira estos ejemplos:

- Museo del Jamón: sí, existe. Hay varios, pero el más famoso está en Madrid y combina tienda, restaurante y un pequeño homenaje al jamón serrano como obra maestra nacional.

- Museo del Retrete (Loeches, Madrid): una colección privada de váteres antiguos, orinales, urinarios y hasta un retrete de oro (¡de verdad!). Porque, como dice el cartel: "La historia también se sienta".

En Ibi, Alicante, se encuentra el Museo del Juguete, donde verás desde cocinitas de los años 50 hasta trenes eléctricos, osos de hojalata y muñecas que hablan con voz de gramófono. Algunos juguetes antiguos parecen salidos de películas de Tim Burton.

Pero si buscas algo más inquietante, ve al Museo de Autómatas del Tibidabo, en Barcelona: hay muñecos mecánicos que bailan, ríen, escriben, cortan el pelo o fingen llorar. Todo se mueve con engranajes, sin electricidad. ¡Una mezcla de magia y mecánica!

En el Museo de Antropología de Madrid hay algo que sorprende y asusta a partes iguales: una auténtica cabeza reducida, traída del Amazonas por antiguos exploradores. Era una práctica ritual de ciertas tribus, y su presencia en el museo recuerda lo misterioso y lejano que puede ser el mundo.

En el Museo de Dinosaurios de Salas de los Infantes (Burgos), puedes ver huesos tan grandes como bancos de parque, fósiles de animales prehistóricos que vivieron hace millones de años. ¡Y hay huellas de dinosaurios reales conservadas en piedra!

30. RÉCORDS ESPAÑOLES QUE PARECEN DE OTRO MUNDO

*Desde las montañas más antiguas hasta el
mar de plástico más grande del planeta*

spaña es un país de extremos. De lo más alto a
lo más profundo, de lo más antiguo a lo más moderno, hay lugares y datos que rompen marcas y desafían la imaginación. Algunos están en los libros de
récords, otros no. Pero todos tienen algo en común:
son únicos, sorprendentes... y bien nuestros.

Los Picos de Europa y los Montes de Toledo no
solo tienen nombres épicos: también son de los más
antiguos del continente. Algunos picos tienen más

de 300 millones de años, ¡cuando todavía existían dinosaurios!

Sus formas redondeadas, sus rocas desgastadas y sus secretos geológicos cuentan una historia que comenzó antes de que los humanos siquiera soñaran con habitar estas tierras.

En Almería, entre el sol y la arena, se extiende lo que parece un océano blanco visto desde el espacio. Pero no es nieve ni agua. Es el "mar de plástico", una enorme extensión de invernaderos que cubren más de 30.000 hectáreas.

Allí se cultivan frutas y verduras que viajan a toda Europa. Es un paisaje casi lunar, donde el campo se cubre como si tuviera su propio cielo artificial.

En Galicia circula el "tren de los ingleses", también llamado el "Transcantábrico", que va tan despacio que puedes leer, dormir y mirar el paisaje sin perder detalle. Es un hotel sobre raíles, con salones, camas, restaurante y hasta pianista.

No bate récords de velocidad, pero sí de encanto. Como dijo un viajero: "Aquí el tiempo no se detiene. Simplemente, se sienta a mirar por la ventana."

En Trevélez (Granada), a más de 1.470 metros sobre el nivel del mar, se curan los jamones más altos de España... ¡y también se respira el aire más puro! Es uno de los pueblos habitados más elevados de la península.

¿Y el más pequeño? Algunos municipios como Illán de Vacas (Toledo) han llegado a tener solo tres habitantes censados. Lo suficiente para formar un pueblo, una conversación... y un misterio.

En la Sierra de Cazorla vive el tejo milenario de La Iruela, un árbol que puede tener más de 2.000 años. Ha visto pasar romanos, árabes, visigodos... y sigue ahí, en silencio, como un sabio guardián del bosque.

Y en Altamira, en Cantabria, se encuentra la llamada "Capilla Sixtina del arte rupestre", una cueva con pinturas de bisontes de hace más de 15.000 años, hechas por manos prehistóricas. Hoy solo se puede visitar una réplica, para proteger las originales... pero el asombro es el mismo.

Récords de risa, de libros... y de tomates:

- El mayor lanzamiento de tomates del mundo se celebra en Buñol, durante la Tomatina, donde se tiran más de 100 toneladas de tomates en menos de una hora.

- El mayor Belén del mundo (hecho de arena) se construye cada año en Las Palmas de Gran Canaria.

- La biblioteca más antigua de España, la de San Isidoro de León, guarda manuscritos iluminados del siglo X, con dragones, monjes y letras que parecen recién pintadas.

España está llena de récords que no siempre salen en televisión. Son récords de emoción, de historia, de rareza y de belleza. Y tú, al leer este libro, también has batido un récord: ¡el de la curiosidad más despierta del día!

EPÍLOGO.
UNA ESPAÑA QUE NUNCA SE AGOTA

Al terminar este libro, tal vez te asomes por la ventana y pienses: "¿Y ahora qué?" La respuesta está justo ahí, fuera de casa. En una calle con nombre curioso, en un árbol viejo que parece esconder secretos, en una fiesta de barrio donde alguien cuenta que "esto viene de tiempos de mi bisabuelo".

España no cabe en un libro. Ni en cien. Porque cada vez que crees que ya lo sabes todo, surge otra historia, otra leyenda, otra rareza que nadie te había contado. Es un país que guarda dragones en los escudos, poetas en las plazas, castillos con pasadizos y canciones que aún recuerdan lo que el viento no pudo borrar.

Hay quien busca el tesoro escondido, quien persigue fantasmas, quien escala volcanes o quien escucha hablar a un pastor viejo. Todos ellos tienen algo en común: miran con ojos de descubridor. Y eso es lo que te invitamos a seguir haciendo tú también.

Como dijo una vez un viajero muy sabio: "El verdadero viaje no termina donde acaba el camino, sino donde empieza la imaginación."

Gracias por caminar con nosotros por esta España asombrosa. Y recuerda: la próxima curiosidad puede estar... en tu propio pueblo.

APÉNDICES

CRONOLOGÍA INSÓLITA DE HECHOS Y PERSONAJES

19 a. C. – El emperador romano Augusto declara la paz en Hispania. Pero no sabía que los cántabros y astures aún se resistían desde las montañas, con más fuerza que cien legiones.

711 – Llega a la península el general bereber Tariq. ¿Sabías que "Gibraltar" viene de "Yabal Tariq", o sea, "la montaña de Tariq"?

1035 – El rey Sancho III el Mayor reparte su reino entre sus hijos, como si fuera un tablero de parchís. Así nacen Navarra, Castilla, León y Aragón.

1212 – En la batalla de las Navas de Tolosa, un pastor guía al ejército cristiano usando ramas como señales. Un GPS medieval... con hojas.

1348 – La peste negra arrasa muchas ciudades españolas. En algunos pueblos se creía que se curaba con cantos, oraciones... o con humo de hierbas mágicas.

1475 – Comienza la guerra de sucesión por el trono de Castilla. Isabel y Juana se enfrentan, y la política se convierte en novela de intrigas.

1506 – Juana I, apodada "la Loca", pasea el cadáver de su marido, Felipe el Hermoso, por media Castilla. Una historia de amor, poder... y pena.

1588 – La Armada Invencible parte rumbo a Inglaterra. Pero el viento, las tormentas y una mala estrategia la convierten en la Armada Invisible.

1640 – Se usan camellos en el ejército español... ¡para transportar armas a través de los Pirineos! El desierto... en la montaña.

1700 – Muere Carlos II, el Hechizado. La leyenda dice que tenía el cuerpo débil y el alma embrujada. ¿Enfermedad genética o mal de ojo?

1760 – Blas de Lezo, el almirante tuerto, manco y cojo, vence a una enorme flota británica con solo unos pocos barcos. Lo llamaban "el mediohombre"... pero valía por diez.

1808 – Agustina de Aragón, una joven sin formación militar, dispara un cañón en plena batalla de Zaragoza. El coraje no entiende de uniformes.

1833 – Se crea la división actual de provincias españolas. Algunos nombres, como Álava, Teruel o Huelva, se fijan en el mapa... aunque ya llevaban siglos existiendo.

1851 – Llega el primer tren a Madrid. Algunos pasajeros creían que a tanta velocidad se les saldría el alma por la boca. Y el tren iba a 30 km/h.

1909 – En Zaragoza se celebra la Exposición Hispano-Francesa. Para atraer visitantes, se hace una lotería cuyo premio era... ¡una vaca viva!

1929 – En Barcelona se instala un autómata llamado "el escribano mágico". Escribía cartas de amor o bromas... ¡y se agotaban!

1935 – Se inaugura el Museo de Cera de Madrid. Algunas figuras se parecen tanto... que dan miedo. O tan poco... que dan risa.

1960 – En Buñol, un grupo de amigos empieza a tirarse tomates sin querer durante una procesión. Al año siguiente lo repitieron... y nació La Tomatina.

1969 – En El Hierro, una cabra es elegida alcaldesa simbólica en la fiesta de La Bajada. Humor canario, democracia animal.

1977 – Se redescubre el uso del silbo gomero en las escuelas de La Gomera. Un idioma sin palabras, solo con labios y viento.

1992 – En Sevilla se celebra la Expo Universal. Se construye una torre-mirador con ascensor inclinado, única en Europa.

2003 – En Barcelona se inaugura el Museo de Ideas e Inventos, donde se pueden ver objetos como paraguas para zapatos o despertadores que huyen corriendo.

2010 – Se construye el Belén de arena más grande del mundo en Las Palmas de Gran Canaria. Las figuras miden más de tres metros y se deshacen al final... como un sueño de Navidad.

2019 – En Madrid, un coleccionista abre el Museo del Retrete, con orinales antiguos, tronos reales, urinarios de porcelana... y hasta un váter de oro.

2023 – El pueblo de La Hiruela, en Madrid, recibe un premio europeo por preservar oficios tradicionales como el hilado, el pan artesano y el cultivo de lino. A veces, lo más moderno es cuidar lo más antiguo.

GLOSARIO DE EXPRESIONES Y TÉRMINOS CURIOSOS

A buen entendedor, pocas palabras bastan: Frase que se dice cuando alguien entiende algo con solo una pequeña pista. *Ideal para espías y profes listos.*

Armar la marimorena: Significa montar un lío, una bronca o un escándalo. *Viene de una taberna del siglo XVI donde una tal María Morena dio que hablar... y mucho ruido.*

Belén viviente: Representación navideña con personas reales haciendo de María, José, pastores, ovejas... ¡y a veces hasta con camellos de verdad!

Bruja: Mujer (o persona) a la que se le atribuían poderes mágicos. En algunas zonas de España, todavía hay cuentos de brujas buenas, malas y misteriosas.

Caganer: Figura típica del belén catalán que representa a un pastor... haciendo sus necesidades. *Sí, lo que estás pensando.* Es símbolo de buena suerte.

Camino de Santiago: Ruta de peregrinación que cruza el norte de España. Miles de personas la recorren a pie, en bici o incluso a caballo... *en busca de una experiencia única.*

Cascamorras: Personaje disfrazado que recorre las calles entre harina, pintura negra y carcajadas. Es parte de una fiesta divertidísima entre dos pueblos: Baza y Guadix.

Don Juan: Personaje literario muy famoso que representa al conquistador de mujeres. *Pero cuidado: a veces el galán termina mal...*

Echar sal al hombro izquierdo: Superstición para espantar la mala suerte si se derrama sal. *No está demostrado que funcione, pero por si acaso...*

Espíritu burlón: Fantasma juguetón que no da miedo, sino más bien risa. En muchos pueblos hay leyendas sobre estos seres que mueven cosas o hacen travesuras.

Fiesta de interés turístico nacional: Fiesta tan especial que ha sido reconocida por su valor cultural. *Como los Sanfermines o la Feria de Abril.*

Jota, muñeira, sardana, chotis: Bailes tradicionales de distintas regiones de España. Algunos se bailan en corro, otros en pareja, otros dando saltitos al ritmo del tambor.

Leyenda negra: Conjunto de historias exageradas o negativas sobre un país o personaje. España tiene varias... ¡pero no todas son ciertas!

Mar de plástico: Nombre que se da a la zona de invernaderos en Almería vista desde el aire. *Parece nieve, pero son cultivos bajo techo.*

Marimorena: Como vimos antes, era una mujer real que protagonizó una gran pelea. Ahora se usa para hablar de cualquier jaleo.

Migas, callos, gachas: Platos tradicionales españoles que suenan raros pero saben delicioso. *Cómelos con cuchara, pan y mucha curiosidad.*

Papa Luna: Apodo de Benedicto XIII, el único papa español que vivió exiliado en un castillo. *Su historia está llena de enigmas... y orgullo aragonés.*

Sanfermines: Fiesta famosa en Pamplona donde corren toros por las calles. No es para todos, pero el ambiente, la música y los pañuelos rojos son inolvidables.

Silbo gomero: Lenguaje hecho con silbidos que se habla en La Gomera (Islas Canarias). *Sirve para comunicarse de montaña a montaña.*

Toledo: Ciudad que fue cristiana, judía y musulmana... al mismo tiempo. *Un lugar donde cada piedra tiene tres historias.*

Tomatina: Batalla de tomates que se celebra en Buñol. Dura una hora... y deja las calles como una sopa roja. *¡Y a todos con olor a ensalada!*

BIBLIOGRAFÍA

Alberich, Carmen. *Fiestas populares de España.* Barcelona: Editorial Juventud, 2006.

Arasa, Daniel. *España insólita y misteriosa.* Barcelona: Ediciones Martínez Roca, 2005.

Asín, Rafael. *Creencias mágicas en la España moderna.* Madrid: Ediciones Akal, 2011.

Barroso, María del Carmen. *Supersticiones y costumbres populares españolas.* Madrid: Cátedra, 1998.

Caro Baroja, Julio. *Las formas complejas de la vida religiosa: Religión, sociedad y carácter en la España de los siglos XVI y XVII.* Madrid: Ediciones Istmo, 1992.

Domínguez Ortiz, Antonio. *La España del Antiguo Régimen.* Madrid: Alianza Editorial, 1983.

Eslava Galán, Juan. *Una historia de España.* Barcelona: Editorial Planeta, 2019.

Fernández, Manuel. *Diccionario de dichos y frases hechas.* Madrid: Espasa Calpe, 2000.

González Duro, Enrique. *Los locos egregios.* Madrid: La Esfera de los Libros, 2007.

González Troyano, Alberto. *El folclore andaluz.* Sevilla: Editorial Renacimiento, 2010.

Ladero Quesada, Miguel Ángel. *La España de los Reyes Católicos.* Madrid: Marcial Pons, 2010.

López de Guereñu, José. *Museos curiosos de España*. Bilbao: Editorial Desnivel, 2003.

Martínez Gil, Fernando. *Brujería y sociedad en la España moderna*. Madrid: Alianza Editorial, 1995.

Moradiellos, Enrique. *Historia mínima de España*. Madrid: Turner Publicaciones, 2017.

Ortiz, Antonio. *Los personajes más raros de la historia de España*. Barcelona: Ediciones B, 2012.

Peiró, Enrique. *El patrimonio insólito de España*. Valencia: Ediciones Tundra, 2016.

Pérez de Guzmán, Ana. *Tradiciones y leyendas populares de España*. Salamanca: Ediciones Universidad de Salamanca, 2001.

Risco, Manuel. *España sagrada: Teatro geográfico-histórico de la Iglesia de España*. Madrid: Biblioteca de Autores Españoles, 1780.

Valverde, Joaquín. *Guía de lugares mágicos de España*. Madrid: Ediciones Luciérnaga, 2020.

Zamora Vicente, Alonso. *El habla de los españoles*. Madrid: Editorial Gredos, 1985.